札幌の塾長50人

田村教育研究所
田村　敏紀　著
Tamura Toshiki

共同文化社

はじめに

私は関西の私立学校で教壇に立ちながら生徒募集の仕事をしていた。午前中に授業をし、午後からは学習塾を訪ね、塾長先生に自分の学校の説明をして歩き回っていた。

定年後札幌に戻った私は、ある私立高校にお世話になり、関西と同じように学習塾を回り、生徒募集の活動を始めた。が、札幌の塾業界はどこか元気がなく、その元気のなさは塾業界だけでなく、札幌全体、北海道全体に広がっているように感じた。

札幌の学習塾は近郊も含め５００教室くらいはあると思われる。私は5年間、学習塾を回る中で、元気がないと思われた塾業界の中で1人、また1人と元気で魅力的な塾長先生と出会うことができた。

塾業界全体は元気がないかもしれないが、札幌の塾長先生の中には独特な感覚を持った面白い先生がたくさんおられた。見えていないだけなのかもしれない。元気で魅力的な塾長先生を何とか見える形で紹介し、その塾長先生に刺激されて塾や教育業界が元気になり、ひいては札幌や北海道も元気になってもらいたい。そう願ってこの本ができ上がった。

道内の中学生の半数以上が塾に通っているという統計がある。学校に通う生徒の半分が塾にも通っているのである。塾がこんなにも私達の身近にあるにもかかわらず、塾に関する本はほとんど出版されていない。塾とは何か。塾は必要なのか。塾長先生とはどんなことを考えている人なのか。そもそも塾は教育の中でどんな役割をしているのか。塾の根本を札幌の塾長先生50人の人生とお人柄を通してじっくり考えてみたい。塾選びの基準も提示できればと考えている。

大学生から年配者までの50人の塾長先生に、学習塾の黎明期から現在に至るまでを振り返りながら、現状の教育問題から将来への問題提起まで、辛辣な北海道批判を交えて存分に語っていただいた。

札幌の塾長50人

……もくじ……

はじめに

6 数少ない女性塾長さん

7 ご夫婦で塾長さん

1

これぞ老舗の塾長さん

北海道の塾業界の
草分け的存在の先生方
である。

源流は父の代から
始まっていた。

池上学院

理事長

池上《いけがみ》 公介《こうすけ》 さん

●

〒062－0906
札幌市豊平区豊平6条6丁目5－1

――池上先生、お幾つになられましたか。

池上　1940年（昭和15年）生まれですから、今年（2015年）で75歳になります。

――先生は元々「池上商店」の3代目社長というお立場だったのですね。

池上　そうです。酒類食料品問屋でした。祖父が明治時代に豊平区で創業してから今年で106年目です。父は私が生まれて9カ月後に出征し、戦死しました。私が3代目になります。

――仕事内容はどんな風だったのですか。

池上　大学時代にすでに、東京で英語関係のアルバイトをしており、各国大使館でネイティブと会話していました。

　私が28歳の時、祖父が他界し、私は大学を出てすぐに札幌に帰り、店の後を継ぐことになりました。後継ぎといっても最初はみんなと同じ丁稚からの仕事です。倉庫整理や、商品の配達、トラックの横乗り、セールスと何でもやりました。営業ではトップでした。

――先生が塾業界に関わったきっかけはなんだったのでしょうか。

池上　姉から、小学校5年生になる姉の子に英語を教えてくれないかと頼まれました。姉の家の空き部屋で教えようとしたところ、噂を伝え聞いた子ども達も集まり、始めた時は13人くらいになっていました。

　実は札幌に戻った時に、英語を教えることは禁止されていました。英語の通訳で安易に高ギャラが入りますのでそれに専念されては困る、3代目として商店の仕事を覚えることが大事だということでした。ですから目立たないように教えていたのです。しかし子ども達が中学に入ると、英語の発音は子ども達の方が中学の先生よりもきれいだと評判になりました。

　冬季札幌オリンピック（1972年）が近づいていたこともあり、市内5カ所に教室を借りるとすべて満杯になりました。それで1969年（昭和44年）に池上イングリッシュクラブという塾を立ち上げたわけです。それがきっかけです。

――それで池上商店から英語塾へ転身したのですね。

池上　そうです。池上商店の暖簾は残して、10年計画で、池上商店を縮小していき、好きな英語で思いっ切り「英才教育」をしていこうと思ったわけです。私が43歳の時です。

――「英語禁止令」も解け、新たな目標ができた。順調なスタートですね。

池上　ところが天はそうさせなかったのです。札幌にあった中学浪人予備校が計画倒産し、入学金や授業料を払い込んだ生徒が放り出されるという事件が起きました。

ニュースで知った私は妻に「私はこの子達を助けるよ」と言ったのです。妻や親族は猛反対しましたが、私は私財を投じて土地を買い、教室を作りました。1階を教室、2階を寮にしました。当時のお金で数千万円かかりました。私は24時間体制で生徒と生活を共にし、後で応援するようになった妻がみんなの食事を全部作ってくれました。全く違う道でのスタートとなったわけです。

――中学浪人対象の塾が、その後大きく変身しますね。

池上　4年目でした。中学浪人の子はランクが高い子ばかりで、皆トップ高校を目指して勉強しています。

そこにある日、がん病棟を抜け出したお母さんがタクシーで来られ、「息子を入塾させてほしい」と頼まれました。聞くと、子どもの中学での学習ランクは最下位のM。身長180センチのきちっとした少年でしたが、簡単な英語も読めない。この子を高校に入れないと死ぬに死ねないとお母さんは訴えたのです。塾の先生方は全員反対しましたが、私は引き受けました。こういう子達を何とか助けなければと思ったのです。そしてその後、同じような低学力の子が何人か集まって来ました。

――低学力の子を指導する秘訣を教えてください。

池上　認めてあげることが大事です。教育とは、外から教え育てるのではなく、子どもの中から引き出すことです。子どもの良さを認めて、褒めてあげることです。

――結果はどうなりましたか。

池上　子ども達はうれしかったのだと思います。

下村文部科学大臣と（2013年8月）

初日の授業が終わって教室を出る時、全員が振り向き、一斉に「ありがとうございました」と頭を下げたのです。事前に打ち合わせをしたわけでもないのに。自分達の存在を認めてもらってうれしかったのですよ。生徒は日々変わっていきました。

でも、いざ高校受験となった時、「ランクの壁」にぶつかりました。中学時代のランクMは、浪人してどんなに成長しようが、MはMのままなのです。Mでは受かる高校がない。私は各高校の校長先生に直談判をしました。ランクの原則を曲げない校長先生が多かった中で、「池上先生の教育こそ本当の教育だ」と言ってくれる校長先生もいて、お陰で翌春全員高校に合格しました。北海道のランク制度を破った瞬間でした。

――塾の先生方の反応はどうでしたか。

池上　全員合格させて1年が終わったのだから、もう学力の低い子の面倒を見るのは止めようということでした。でも1週間後その生徒達が私の自宅に来て、「来年もランクLやMの子を助けてやってください」と頭を下げて頼むのです。翌朝、私は先生方を集めて、これからは本科とは別に、低学力の子の「別科」を作ると宣言しました。こうして「教育の中での弱者救済」というのが私の終生のテーマとなったのです。

――塾から始まって学校まで作ったのは北海道では池上先生だけではないでしょうか。

池上　そうでしょうね。日本全国には結構いるのですよ。道外から、うちの県にも学校を建てに来てほしいとのお誘いはあるのですが、ともかく北海道をきちんとしたいという思いがまずあります。北海道の、特に地方に焦点を当て「北斗七星プラン」を立てました。池上学院高等学校を設立し、2009年（平成21年）から函館、帯広、北見、室蘭、釧路、旭川、苫小牧の7都市にキャンパスを開設しました。

教育の弱者救済を根底に据え、これからも進んでいきますよ。

◉コメント

藤澤《ふじさわ》秀一《しゅういち》

病院勤務、金剛禅総本山札幌平和道院副道場長、少林寺拳法本部2級指導員、北海学園札幌高校少林寺拳法部監督

関係　池上学院OB

1990年（平成2年）の春、私は母に連れられ池上公介先生の元を訪れた。父母のおかげで何不自由なく育った私は、16歳になっても無気力でわがまま放題。それを見かねた母は、いろいろな人に相談し池上公介先生に救いの手を求めたのでした。

初めて会った時、先生は私に「大人のマネは、大人になればいつでもできる、でも16歳でやれる事は、16歳のあなたしかできない」と真剣に話してくれました。口うるさいが、オシャレでなんだかよく分からない魅力を感じる大人だなと感じたものでした。が、その当時はそう感じた理由がよく分かっていませんでした。その後、池上学院へ入学したおかげで高校を無事卒業。その間少林寺拳法と出会い、高校卒業後は指導者育成学校の日本少林寺武道専門学校（現禅林学園）に入学。そこでの経験が今の私の支えとなっています。

39歳になった私は現在、北海学園札幌高校の監督として高校生を指導する立場となっています。素晴らしい可能性、純粋で美しい存在を目の当たりにして、池上公介先生が私財をなげうって高校生達を救おうとした気持ちが、少しだけ分かったような気持ちになっています。

私も、「オシャレで素敵だけれど口うるさいね」と言われるような大人でありたい。池上公介先生の背中を追いかけて。

ボストン

代表

坂井《さかい》　浩《こう》さん

●

〒064−0809
札幌市中央区南9条西10丁目1−20

――「ボストン」という塾名の由来を聞かせてください。

坂井　父の坂井脩一《しゅういち》が1970年（昭和45年）ころ企業留学でボストンに行ったことがきっかけです。

――開塾したのはいつごろですか。

父は札幌の南高を出て東京の大学に行き、そのまま道外で働いていましたが、1973年（昭和48年）36歳で札幌に戻って来て、今の本部校（中央区南9西10）の場所に開塾しました。私が小学校6年の時です。

――浩《こう》先生もまたお父上同様、札幌の南高から東京の大学に行かれ、卒業後は一般企業に就職していますね。

坂井　その辺は似ていますね。私は丸紅に入社して以来、繊維関係の仕事をしていまして、大阪、東京で9年間勤め、10年目に札幌に戻りました。1992年（平成4年）のことです。丁度バブルが終わり、日本経済が崩壊していく時期で、このままサラリーマンとして企業貢献するのか、自分なりの生き方を探すのかの選択を迫られました。31歳という年齢は挑戦者として上限ぎりぎりだと思います。

塾で育っていますし、塾の経験は東京の大学時代、帰省する度に教えていました。社会人でも国連英検A級の資格を取得していましたから、このスキルを生かして自分一人でも生きられるようになりたいと思いました。自分の腕一本で生きてみたかった。

――戻った時、お父上が55歳、先生が31歳ですね。塾はどういう状況だったのでしょうか。

坂井　私が戻って来たころを境に塾を取り巻く状況は変わったように思います。それまでは塾は何もしなくてもやっていけた時代でした。子どもの数も多かったし、バブルに乗ってどこの塾も潤っていました。しかし、1990年代ころから、塾は生き残りを賭けた模索の時代に入ったように感じます。昔と同じことをやっているだけでは駄目で、他との差別化を図り、自塾の立ち位置を定めないと生き残れない時代になっていました。

個別指導塾が急成長し、大手資本が進出してきました。大手が講習会を無料化することで中小の塾はさらに追い込まれていきました。逆境の中でネジを巻き直し、もう一度頑張ろうという塾は少なく、「塾は自由業、一代限り」と強がる塾が多かったと思います。そんな中で父は道内の中小塾の底上げを図る組合活動に奔走していました。

――「北海道私塾連合会（北私連）」ですね。

坂井　「一匹狼」の多い塾業界をまとめるのは大変です。でも私は、自塾の基盤強化の方に関心がありました。

塾は特殊な仕事です。サラリーマンとは違います。職人でないと務まらない。塾の教師の教え方は天性のものがあります。教え方の下手な人はいくら年齢を重ねても下手なままです。それをどうやってカバーするか。どれだけ自分を磨いていけるか。私はボストンを「職人養成塾」と考えています。

――どういう職員研修をしているのですか。

坂井　現在私を入れて専任講師は９人で、平均年齢が43歳くらい。一般の塾に比べかなり高い年齢です。このくらい経験を積まないと一人前とはいえません。私は入社の面接試験の時に言います。「塾馬鹿でないと塾は務まらない」と。塾の仕事にのめり込み、それを楽しむようにならないとこの仕事は務まりません。テレビのタレント講師を見て塾に入って来る人は続きません。

――ボストンさんの自慢は何でしょう。

坂井　何年も努力し腕を磨いた職人集団がいるということでしょう。付け焼刃ではない本物の教師がいます。人々から、塾の中身が「ひと味もふた味も違っていて良いよね」と言ってもらえる塾でありたいし、私達もまた今の塾の姿が自分達の最終形だと思うことなく、常にリニューアルしてボストン・ブランドを向上させてゆきたいですね。

――ボストンさんは今年（2014年）で開塾から43年目になります。札幌市内でも老舗なわけですが塾経営は楽しいですか。

創立時に手塚治虫先生が製作してくれた絵の前で

坂井　私、思うに、塾は儲かる商売ではないと考えます。今、開塾しようかと考えている人は、金銭的な目標よりも自分の腕を磨き、スキルを上げる場として、そこに喜びを見いだせるかどうかを念頭におくべきでしょう。私が塾の面白さを知り、塾に365日のめり込めるようになったのはわずか7年前からですよ。匠の世界というのは時間がかかります。

――私が塾経営に手を出さない理由は、塾は夜の商売で体を壊しやすいし、家庭崩壊も起こしやすいと危惧するからです。先生の日常生活はいかがですか。

坂井　私は授業後の夜の会議は一切しません。夜11時30分には必ず寝ます。お酒も煙草もやりません。朝5時30分には起きます。そうしないと健康は続きませんよ。それと今の田村さんの話にもう1つ付け加えると、塾をやると友達をなくします。土曜、日曜、祭日に加え平日も、夜の付き合いはできませんから（笑）。

◉コメント

田《た》村《むら》敏《とし》紀《き》

田村教育研究所主宰

関係　インタビュアー

インタビューは3時間に及んだ。その間、立ったり座ったりと忙しそう。後で聞くと腰痛を抱えているとのこと。申し訳ない。事前におっしゃっていただいていたらご配慮できたのに。奥床しい先生である。隠れ阪神ファンでもある。名投手・上田次郎が好きで、１９８５年の阪神優勝を大阪で体験した。小学生の時に将棋の全道チャンピオンとなる。

報告

坂井《さかい》脩《しゅう》一《いち》先生に民間教育最高功労賞が授与される

平成27年４月５日、東京千代田区の如水会館において民間教育大賞の授賞式が行われ、ボストンの創立者であり、現会長の坂井脩一先生に民間教育最高功労賞が授与されました。

これは、全国の塾業界の広域10団体によって創設された「日本民間教育大賞選定会議」より選定された賞です。

受賞理由は、「極めて正統的な教育手法を通じて北海道を中心とする地域の民間教育の発展に寄与した」功績によるもので、北海道からこの「民間教育最高功労賞」に選ばれたのは今回の坂井脩一先生が初めてです。

坂井脩一先生は、１９７３年のボストン設立以来、「北海道私塾連合会（北私連）」や「北海道学習塾協同組合」の立ち上げに尽力され、また私立高校と塾との連携を積極的に先導するなど、北海道の塾業界の発展の先駆けとして、活動してきました。その功績が全国的に評価されたことを大変うれしく思います。

ボストン宮の森校・校長
佐藤清吾《さとうせいご》

しどう会

代表

小西《こにし》　琢生《たくお》 さん

●

〒001－0018
札幌市北区北18条西3丁目1－40

――小西先生が代表をしている個別指導「しどう会」の前身が「北大進学指導会」で、さらにその前身が「ポプラ学習会」といいます。歴史はかなり古いですね。

小西　ポプラ学習会ができたのは1954年（昭和29年）で、60年以上の歴史があります。人間でいえば還暦を過ぎました。設立者が後藤迪倫《みちのり》（通称てきりん）といいます。

――小西先生が採用されたのは北大進学指導会の時代ですか。

小西　そうです。1989年（平成元年）に面接を受けました。私が30歳、迪倫先生が54歳くらいだったと記憶しています。面接を受けたその日のうちに「じゃ、明日から来てください」と採用が決まりました。

――当時の迪倫先生はどんな印象だったのでしょうか。

小西　基本的に会社経営よりも、子ども達に教えていることの方が好きな人でしたね。子ども達には、「努力精神」という言葉を口癖のように使っていました。

――「努力精神」とはどんな意味ですか。

小西　ともかく頑張らないと駄目だ。勉強でも仕事でも、頑張らないと何も残らないよという意味だと思います。迪倫先生は家庭の事情もあり大学を出ていません。若い時から働いて、苦労しながら家族を助けた経験が根っこにあります。

迪倫先生が最初に設立した塾がポプラ学習会です。先生が20歳くらいの時に新琴似で始めました。15～20人の少人数のクラス編成で一斉授業を行い、テキストは自作の物を使っていました。社内には印刷・製本する機械を備えた印刷部門があり、テキストを外部にも販売していました。塾生が2000人いたといいますから市内で最大の塾だったのではないでしょうか。

――そのポプラ学習会が北大進学指導会となり、

さらに3地区に分かれていったわけですね。小西先生が入社した時の北大進学指導会の様子を教えてください。

小西　私が入社した時はすでに3地区に分かれた後で、私は迪倫先生の第1本部に就職しました。場所は北15西4でした。第1本部だけで16教室くらいあり、学生バイトが約80人おりました。迪倫先生は塾を大きくすることよりも教えることが好きでしたので、70歳まで生徒の前に立って教えていました。子どもは好きだが経営者としては素人。その点では私も同様です。

少子化で生徒が少なくなってきた2005年に迪倫先生から「本部教室だけ残してほかの教室は閉めようと思うが、だれか後を継ぐ者はいないか」と提案があり、一番古手の私が引き受けることになりました。

——そのあと個別指導「しどう会」になるのですか。

小西　その前から個別指導を徐々に取り入れていたのですが、全教室を個別指導「しどう会」としたのは2008年からです。

集団は、学力差がありすぎるとあまり効果がなく、全生徒に分かってもらう授業は難しいのです。そこで、生徒を5人以下と限定し、板書を使った説明と直接対話を併用した「少人数個別指導コース」を設けました。これで質問しやすい雰囲気と生徒同士の程良い競争が得られることになりました。

もう一つは「1対1個別指導コース」です。講師1人に対して生徒は1人で、苦手科目の克服や基礎基本から勉強したい生徒向きのコースです。どちらにしても、生徒と講師の活きた対話を大切にし、励まし、褒めながら粘り強く指導に当たります。

——奥さんとは同級生で同じクラスだったとか。

小西　同じ西高出身で、高校2年の時はクラスも一緒でした。年賀状を交わすだけの仲だったのですが34歳の時に思い切って声を掛け、結婚に至りました。結婚式で同級生が皆集まったことからクラス会が発足し、それ以来毎年やるようになりました。

――趣味は温泉旅行だそうですね。

小西　妻と二人で近場の温泉へ行きます。のんびりできる点が良いですね。温泉を何軒も梯子しながら最終その日の宿に着くというパターンです。昼寝もできる。疲れが一遍に取れます。もう一つの趣味は、ビートルズの音楽。レコードとCD、全部揃っています。

●コメント

小西道代《こにしみちよ》
関係　妻

生徒に寄り添っている様子から、教えることが本当に好きなのだと思います。これまでの小、中学生中心から高校生まで範囲を広げ、参考書を買い、たまに行く日帰り温泉の休憩室にまで持ち込んで勉強しています。数年前に大病を患い、命に関わる手術もしているので、これからは健康第一で仕事をしてほしいと願っています。

現役予備校 TANJI

代表

丹治《たんじ》　典久《のりひさ》 さん

●

〒062－0020
札幌市豊平区月寒中央通4丁目4－13

――丹治進学教室を最初に始められたのはお父上の丹治喜博《よしひろ》さんですね。

丹治典久《のりひさ》　そうです。父が1953年（昭和28年）に創立しました。父が44歳の時です。

――お父上は、どのような方だったのですか。

典久　父は福島県の出身です。大阪や京都で学校の教員をしていました。母は京都の女性で、父はよく「東男に京女だ」と言っていました。豪放磊落な性格で、お酒には滅法強かった。戦後は北海道に渡り、開塾した当初は塾生が4人だったと聞きます。それを広げ、最盛期には中央区に本部を置き、豊平、月寒と3教室で展開し、塾生が全部で500人前後になりました。

父が60歳を過ぎてからがんを発症し、体力的に続かなくなったので閉塾を考え、他塾さんに声を掛けていました。70年代後半には新規の募集を停止し、残っていた数少ない塾生相手に教えていたようです。

――お父上は、自分の子どもに後を継いでもらおうとは考えていなかったのですか。

典久　私は3人兄弟で、兄と姉がおります。当時、兄は大学卒業後、大学に残って研究活動をしておりました。今も続けております。私は札幌市内の高校を出てから東京の大学で法学を学び、卒業後大手建設会社に就職していました。塾を継ぐつもりは全くありませんでした。父は、子ども達への塾の継承を諦め、他塾への譲渡か閉塾を考えていました。

――結果として典久先生が塾を引き継ぐことになりますね。

典久　当時私は千葉県松戸市に住んでいました。子どもが3人いましたが、3人とも重度の小児ぜんそくを患っていたのです。都内の病院で治療を受けましたが良くならないので、転地療養を考えるようになりました。またサラリーマン生活も長くなり、このままの人生に疑問も持っていました。私が30歳になった時、13年間住んだ東京から札幌に帰って塾を継ぐ決心をしました。１９７７年（昭和52年）のことです。

学生時代に東京から帰省した折に何度か父の仕事を手伝ったことがあり、その経験から塾経営を相当安易に考えていました。しかし実際責任者としてやってみて、とんでもない誤解をしていたと思い知らされました。アルバイトで教えるのと経営者とでは全く違っていたのです。

教室風景①

――新たな塾責任者となった典久先生が考えた経営手法とは何だったのでしょうか。

典久　まず教える先生方を専任講師で固めることを考えました。それまでは学生アルバイトや中高の現役の先生方に講師をお願いしていました。当時は学校の先生が塾でアルバイトをしても何も問題なかった時代でした。それらの先生方にお辞めいただき、徐々に専任体制にしていきました。

教えられる生徒の身になって考えたらアルバイトより専任の先生の方が絶対良い。特に小中学生に対して20代前半のアルバイトの先生が教えるデメリットはかなり大きい。それより、教えることを天職とする専任の先生にじっくり腰を据えて教えてもらった方が良い。そう考えたのですが、経営的には厳しかった。

月寒教室しかなく、１００人足らずの塾生に専任講師を増やしていったのですから赤字続きでした。年3回の講習に外部の講習生が来てくれるので何とかしのいでいた状況です。生徒が増えた分、教室を増やそうとすると専任の補充が追い付かないし、無理に教室を増やすとアルバイトに頼らざるを得なくなる。辛抱の時期でした。

——1979年（昭和54年）にお父上が他界されます。

典久　私が塾を引き継いでから2年後になります。まだ2代目の塾としてしっかりとした基盤ができていない中での死去でした。もう少し塾の推移を見てほしかったと悔やまれます。

しかし翌年、坂井一朗（現高等部統括責任者）が専任講師としてメンバーに加わり、塾を牽引していってくれました。そして小中部しかなかった体制に高等部を開設しました。1985年、スタッフ全員が専任体制となり、月寒教室一カ所だけで塾生1000人の規模に膨れ上がりました。

——発展の原動力は何でしょう。

典久　それは、父親の代から引き継いできた地元密着型ということでしょう。地元月寒には父の代から「丹治ファン」が根付いていました。「丹治さんであれば」という信頼感がありました。教室には、父喜博が教えた子の子、つまり孫に相当する子が座っているようになり、当然私の「教え子の子」も座っております。こういう子が1クラスに何人も座っております。地元で長年教えてきたからこそ培われた信頼関係が、その後も連綿と続いている、これが丹治の強みです。

——1993年（平成5年）には本社ビルを建てます。

典久　ええ、全部で15教室あり、約1000人分の座席があります。この年、専任講師は19人になりました。2002年に

教室風景②

は私立中対応コースを開設し、中学受験にも取り組みました。塾における小中高一貫教育が確立し、高校生が多くなったので塾名を「現役予備校ＴＡＮＪＩ」と改名しました。

——２０１４年度の大学合格実績は東大５名、京大２名、北大18名、早稲田５名、慶応３名となっています。すごい実績です。

典久　10年ほど前から、大学合格実績の目標を北大以上の難関大学は30人から40人と設定しています。毎年クリアする体制が確立しております。

——学校に望むことは何でしょうか。

典久　公立学校とはあまり接点がありませんが、私立では札幌日大さん、立命館慶祥さん、北嶺さん、札幌第一さんなどが良く来られますので必然的に関係が深くなります。札幌の私学には灘（神戸）、開成（東京）を追い抜く気迫と情熱がほしいものです。公立には私学のその情熱を見習ってほしいと思います。

——来道してから典久先生で２代目となりますが、最近の北海道についてどう思われますか。

典久　ある意味で北海道の子ども達は被害者です。貧困の被害者といってもよい。北海道の子は決して他府県より能力が低いわけではありません。生徒の能力を生かし切れていない制度になっていることが問題です。

さらに大学卒業後に道内に就職先がないのが問題です。卒業すると道外に出てしまう。学んでいる間もそうですが、出た後の対策を考えなければなりません。北海道は土地が広くて安いのですから、日本企業のみならず外国企業も誘致して道内を活性化させる施策を考えてはどうでしょうか。

——典久先生がＴＡＮＪＩの１期生と聞きましたが、これからの自塾の方策を聞かせてください。

典久　私が小学校に上がるのに合わせて父が開塾しましたので私が1期生になります。私の長男重《しげ》久《ひさ》は27期生になります。その重久が２００９年、塾に戻ってきました。いずれ彼に事業を継いでもらおうと考えています。私の代は教室一カ所主義でやってきて生徒のためになったと思いますが、これからどうするか、彼の考え方次第です。

――典久先生自身は今後どうされますか。

典久　今は次世代へのリレーゾーンにおりますので、とりあえずバトンタッチをしっかりしたいと思います。

人生を振り返ってみると、塾の仕事は私に合っていたと思います。私自身は夜型の人間ですので、夜遅く、朝まで働いても疲れません。一年中、休みなしで働いても苦にならない。お盆とお正月と年一回の旅行さえあれば年中働ける。喜びもある。だから、この仕事を天職と考えています。

ただ、本当にまだまだ未熟者です。もう一度生まれ変わったとしたら、やはり今の仕事をし、塾教育をもっと極められたらと思っています。

◎コメント

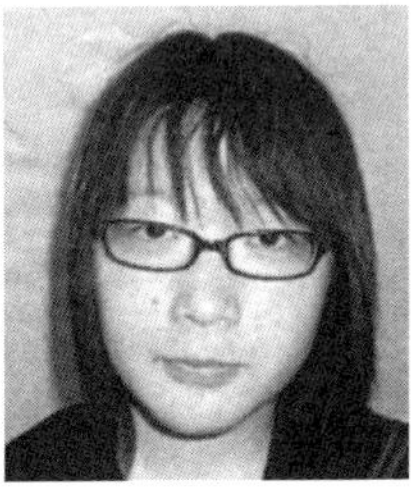

東海林《しょうじ》あづみ
札幌南高校在学中
関係　塾生

私は現在高1ですが、8年間個別指導で塾長先生に英語を教わっており、小6と中3の時は集団授業で受験の社会を教わりました。塾長先生は私の祖父と同じ年代ですが、考え方や立ち居振る舞いがとても若々しくエネルギッシュで授業も迫力満点です。また、私の学年には塾長先生の魂を受け継いだＴＡＮＪＩ・ＯＢの先生が２人いて、彼らもとても個性豊かな素晴らしい先輩達です。

2

業界マイスターの塾長さん

北海道屈指の
熟練の先生方である。
教えることでは
職人技。

医学進学塾

塾長

片丸《かたまる》 和男《かずお》 さん

●

〒063－0811
札幌市西区琴似1条4丁目4－10

――53歳の時に初めて塾を開いたのですね。

片丸　そうですね。２００２年（平成16年）の３月です。

――不安はなかったですか。

片丸　塾業界をよく知っている人達全員から反対されました。が、私には不安はありませんでした。少子化の影響もあって小規模の塾経営は大変な状況なのは知っていましたが、受験生の願いをかなえる塾を作りたいという情熱が先行していましたね。

――53歳の先生をそこまで駆り立てた熱意とは何でしょうか。

片丸　私は長いこと予備校で進学指導を中心に仕事をしてきました。その時の思いが開塾の情熱につながったのだと思います。

私がいた予備校は全国の予備校と資料提携をしていましたから、全国会議に出ると、顔なじみの人達から「北海道の進学校はなぜ大学合格者が少ないのか」とか、「私立高校は何をしているのか」とよく問い詰められました。確かに私がいた予備校には、志望校の配点すら知らない生徒もたくさんいました。これではいけないと、ずっと思っていました。

それと、受験はその子が充実した人生を送るためにあると私は思っていますが、受験のせいで壊れてしまう子どもが現実にいるのです。微力ですが、そんな生徒の支えになってあげたいという思いもありました。

――先生がいたのは、札幌予備学院（札予備）ですね。１９５３年（昭和28年）に設立された北海道屈指の予備校でした。今のお話しですと、そこで進学指導をされていたのですね。

片丸　そうです。進学相談室長として25年間勤めました。生徒が４０００人を超える時代もありましたが、進学相談の担当は私１人でした。

相談室が設置されたのは、ちょうど共通一次試験が始まるあたりです。入試が大きく変わり複雑になるので、専門相談員が必要な時代になったということでしょうね。相談室は生徒や父母で連日満員でした。帰宅するころには声が出ない日もありましたし、喉に持病のポリープもできました。

――進学指導で大切にしていたことは何でしょうか。

片丸　予備校や塾は生徒に学力をつけて、志望大学に合格させるのが第一の使命ですから、まずは相談員にそのためのノウハウを含めた多くの知識がなくてはいけません。資料やデータをより深く分析して、合格に役立つポイントを見つける姿勢が大切だと思います。

何度もずっと考えていると、色々な方策が浮かんできますよ。でも経験から得ることの方が多いように思います。時には「裏的」な情報も必要になりますから人脈も大切です。

それと人が相手ですから、叱咤激励するにしても、その子の性格や心理状態も考えて言葉を選ぶ必要があります。経験が増えるほど進学指導は難しいという思いが強くなりましたね。

私はこの仕事を始める時に、たとえ何十万人の生徒を合格させたとしても、不幸な生徒は1人たりともつくるまいと決意しました。

受験は、合格者の陰に必ず不合格者がいる不条理な世界です。第一志望に落ちた子も、受験を通して大きく成長し、元気に力強くこれからの長い人生を歩けるよう背中を押してあげたいと思いました。今もそう思っていますが、これが一番大切なことなのかもしれませんね。

――札予備も少子化の波で経営が危うくなり、リストラが始まりましたね。

片丸　私は札予備が大好きでした。教育産業ではありますが、生徒中心の経営をしていて、教育者魂を持っている講師や職員が多くいたからです。ですから大手予備校が進出してきても、絶対に潰されるものかと頑張ってきました。自主的に多くの改革案を提出しましたが、採用されず衰退の一途でしたね。

最初のリストラの時に理事と話をし、次のリストラには自分を切ってくれと自己申告していました。札予備もこの時期にはすでに商売中心の運営に変わっていましたから、未練はあまりなかったですね。もちろん何ともいえない寂しさはありました。

教室風景

――教育現場では、教師は生徒とどう関わることが良いのでしょうか。

片丸　子どもは環境によって大きく変わることが実体験で分かりました。例えば合格者を増やそうと思えば、生徒の勉強意欲がわく環境にすればよいのです。それは高校や予備校、塾、進学校、どこであっても同じです。教職員の情熱が不可欠です。端的に言うと、教師が変われば子どもも変わるということです。先生は常に自分の知識や指導力を磨く努力をし、教育への情熱を持って生徒と接してほしいと思っています。

社会が変化するように、子どもも変わります。私はこの仕事を40年ほどやっていますが、子ども達もその時々に変わっています。今の生徒の特徴は、自主性が欠けていることでしょうか。というか自己主張を躊躇《ためら》っているように感じます。

大人は隙を見せることが必要です。子どもが入り込める隙を作ってほしい。今の子どもは大人の本音に飢えています。親や教師、周りの大人は、今まで経験した人生を子どもにもっと語ってほしいと思いますし、それが隙を見せるということです。教師は子どもの個々の変化を感知する高性能のアンテナをたくさん張り巡らしてほしいですね。

――これからの先生の教育について教えてください。

片丸　進学指導はとても大事だと思います。学習計画や勉強法、学科の進路選択、あるいは生きる上での多方面からのアドバイスによって、その子の人生が大きく変わることも少なくありません。生徒を指導することはとても怖いものです。コンピュータでは測れません。受験産業とはいえ、子どもの教育に携わる大人は、時には商売抜きで子どもと対峙することが必要に思います。

今の子どもは生きることへの感情が希薄になっているように感じてなりません。教育は形だけの改革では意味がないことを、もう理解すべき時代なのです。学力を上げ合格させることはもちろん大切ですが、心豊かな子どもを育てることが大人の責務と思います。実は、その豊かな人間性は、合格への大きな要因にもなるものなのです。

◉コメント

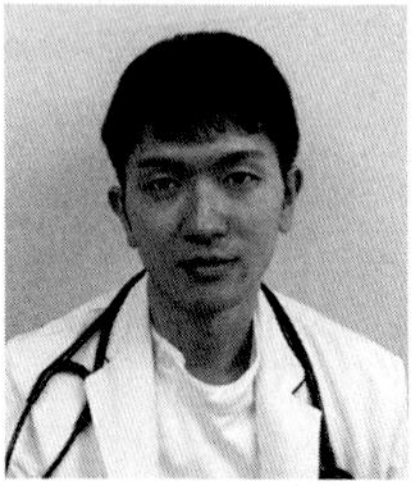

村西雄貴《むらにしゆうき》
札幌市立病院医師
関係　元塾生

片丸先生は受験指導においては道内随一であるのはいうまでもありません。今の私があるのも先生のおかげです。先生は進学指導だけではなく、人間教育に対して熱い情熱を持っておられます。私自身、今でも先生から教えられたことを思い出し、日々の臨床に活かしています。尊敬する先生に出会えたことに本当に感謝しています。

至成学習館

塾長

寺西《てらにし》 宣弘《のぶひろ》 さん

●

〒007－0884
札幌市東区北丘珠4条1丁目15－11

——寺西先生、この辺は、札幌市のはずれに村がぽつんとある感じで、西側には丘珠空港に連なる広大な空地が広がっております。冬は寒いでしょうね。

寺西　私がここに塾を開設したのは１９９５年（平成7年）ですが、大雪の時は腰まで雪が積もり、車も通れなくなってしまうことがありました。周囲は丘珠の玉ねぎ畑が多く、吹きっさらしで冬は厳しい環境ですよ。色んな塾が入ってきましたが、みな撤退しました。ここでは、やわな講師は務まりません。地区の子ども達は自然の厳しさに負けない逞しさと、素朴で温かみのある子が多いですね。

——近くの丘珠小学校は、１８７４年（明治７年）の寺子屋が発祥とのことですから、歴史は１４０年ほどあります。結構古い地区なのですね。それでいて隣接する丘珠中学は１９８５年（昭和60年）の開校です。長い間、中学生は遠くの学校まで深い雪の中を歩いて通っていたのでしょうね。

寺西　今でも札幌新道を挟んで北と南は天候が変わります。そんな厳しい環境にもかかわらず開塾して直ぐ、さらに2教室を近くに開設しました。雪には負けません（笑）。

——塾名の「至成」という意味が分からなかったのですが。

寺西　実は開塾当初の名前は「Q塾」といいました。３つのキーワードから来ています。質問し答えを求めるクエスチョンのQ、練習する量クォンティティーのQ、知識の質クォリティーのQ。この３つの意味を込めて「Q塾」としました。それは「求塾《きゅうじゅく》」でもあります。学習の原点は「求める」ところにあるという意味合いも込めました。子どもはすぐに覚えて親しみを感じてくれました。

開塾して10年後に一つの節目として塾名を「至成学習館」としました。成功に至るための学習塾にしようという願いを込めました。Q塾と一脈通じると思います。

　そして今、「エコ学習のすすめ」を提案しています。学習のムダを省いて効率的に勉強する方法を教えています。例えば、毎日決まった時間に集中して学習することで時間を節約する「時間のエコ」や、学習を計画的に進めることで勉強量を減らす「学習量のエコ」など6つのエコ学習を勧めています。ムダなく、ムリなく勉強することで成功に至ってほしいと思います。

私塾の先生方との会合にて

——先生は、北大進学指導会の後藤迪倫《みちのり》（通称てきりん）先生との出会いから塾業界に入ったのですよね。寺西先生から見た迪倫先生を語ってもらえませんか。

寺西　私は元々中学校教師で、道東方面で教鞭をとっていました。学校教育という巨大組織の中では、なかなか思うようにいかないことも多かったことと、自分なりに志すところがあり現場を離れました。

　札幌で迪倫先生にお会いし、共感するものが多くありました。迪倫先生は、基本的に教育は教えられる者と教える者がいれば成り立つという考えです。そのほかの必要なものは何とかなる。大事なのはその両者がしっかり向き合っていることだということです。だから6畳1間に手作りの黒板を据え、手作りのチラシを撒きながら、30教室2000人の塾に育て上げることができたのです。原点は教えられる者と教える者との信頼関係です。それだけです。私もその考えを受け継いでいきたいと思っています。

　ある意味で教育に対し全くの素人だった迪倫先生が、その原点を信じて猛勉強し自分で自分の道を切り拓いていったのです。自分の生きざまに誇りとプライドを持っていた。教科を越えた人間としての生きかたが子ども達に伝わり、子どもも自分で道を切り拓いて生きてゆく。子ども達の前に「私はこういう風に生きていますよ」と自分を示す。理念を持った、叩き上げの人間ですよ。

迪倫先生は塾経営について色々と自分の体験を話してくれました。教える喜び、教えかた、塾生の集めかたなど、経営のノウハウを教えてくれました。だから、北大進学指導会にいた講師はみな独立後もそれぞれ塾業界で頑張っているのだと思います。

――先生は塾を3世代に分けて捉えていますね。

寺西　第1世代は札幌の塾の草創期に当たります。塾長としては北大進学指導会の後藤迪倫先生、ボストンの坂井脩一先生、ＴＡＮＪＩの丹治典久先生、池上学院の池上公介先生などです。個性が強く、自分の意思を押し通す人物です。生半可ではない。苦労して塾を作り上げた人達です。

第2世代は高度成長期に展開した塾です。塾が盛況で、授業料単価も高く、講師も高収入を得ていた時代です。塾で生計が立てられると実感できた時です。またこの世代には学生運動経験者も多く、自分の理想とする教育を求めて自塾を立ち上げる人が多かったように思います。

第3世代は現代です。第1世代と第2世代の人々の苦労があったお陰で、塾が社会的に認められるようになった時代です。一部上場企業も現れました。普通の会社に勤める感覚で就職し、生徒に向かっています。

――約40年間、教育関係で働いて来た寺西先生は、3世代全部を見てきたと思います。今、先生から見て塾教育とは何でしょうか。

寺西　塾という仕事は、教育に携わるサービス業だと思います。そこで気をつけなければならないことは、教育は心の通った仁術だということです。経営にばかり走って算術になっては問題です。塾とは、教育とはこうあるべきだという強い意思がなかったら続かない仕事です。私の場合も、子どもを育てることに夢と誇りを持っていたから続けて来られたと思います。

迪倫先生が語った言葉で、「戦車と素手で戦う方法は、頭を使うことだ。そこで生き延びようと思わなければ知恵も出てこない」というのがあります。戦車であれ何であれ、戦うためには知恵が必要で、その知恵は「そこで」生き延びようと思っているかどうかにかかっているということです。「そこで」なくても生きていけると思ったら、知恵は出てこないし、戦うことはできないわけです。

「そこ」の原点はやはり教えられる者と教える者とが向き合っているかどうかだと思います。塾教育は、体を張らなければできない仕事です。しかし、やりがいのある仕事です。次の世代の人も塾を続けてほしいし、その原点を忘れずにいてほしいと思います。

◎コメント

結城《ゆうき》昌博《まさひろ》
レッツ進学ゼミナール
（恵庭市）・塾長
関係　友人

雨にも負けず、風にも負けず、丘珠ブリザードと言われる猛吹雪もものともせず、自分のことは勘定に入れず、ひたすらに生徒を思い、勉強で困っている子がいれば、厭わず話を聞き相談にのり、何とかしてやりたいと心をくだく、寺西塾長はそんな先生。ソフトな外見に隠れている強い意志と、情熱を持って語る姿勢に、共感する講師や親も多いはず。

ミネル学院

代表

喜多《きた》 敏幸《としゆき》 さん

●

〒003－0833
札幌市白石区北郷3条4丁目10－15

――喜多先生は大学卒業後2年間だけ一般企業に勤めますが、会社勤めの間も夜は予備校で教えています。24歳で退職し開塾。そして今日までずっと塾一筋です。何が先生を塾に結び付けているのでしょう。

喜多　兄と姉が教育関係の仕事をしていましたので自然と小さい時から先生になりたいと思っていました。

それに私が入学した旭川東高校には面白い先生がたくさんいました。東大インド哲学科を出て、満州鉄道の副総裁までした人が社会科を教え、授業中に歌ったり踊ったりしながら色々な経験を話してくれました。本当に楽しい時間でした。また高下駄を履いて、古びた自転車に弁当箱一つ積んで毎日通勤する数学のバンカラ先生や、泣きながら説教をする国語の先生もおりました。高校で無理に勉強を詰め込まれたという記憶はなく、ただ毎日が楽しかったという思い出ばかりです。そういう先生へのあこがれもありました。

――なるほど。他に影響を受けた方はおられますか。

喜多　何といっても父の存在ですね。影響が大きく、今日にまで至っています。父は獣医で、大型動物の診療に酪農家を回る時、末っ子の私は父の運転するオートバイの後部座席に乗り、よく一緒について行ったものです。子どもの私から見てもリベラルな人で、診察代が払えない人に「今日はいらない」とか、「後でいいよ、いつでもいいよ。真面目に頑張っていればいいよ」などと言っていました。

また、父が言った「山高きが故に貴からず」という言葉は今でも覚えています。これは私の中の一つの一貫した規範です。「外見より中身をちゃんとしたほうがいいんだぞ」とよく言われました。

――開塾が24歳の時です。旭川ですね。

喜多　旭川英数学院という塾で、私ひとりで始めました。町の真ん中で近所の子だけを集めました。子ども達が学校終わったらやってきて、一緒に野球をしたり色々遊んだりして、時間になったら勉強するという毎日でした。楽しい毎日で、これを自分の一生の仕事にしようと思いました。経営は、自分が一生懸命やっていれば何とかなるだろうと思っていました。

——旭川で8年間やって、その後札幌に進出します。

喜多　32歳の時です。妻の親の事情から札幌へ行ったほうが良いかなというのと、札幌の友達から塾を一緒にやろうと誘われたことが重なり、札幌に出ました。

塾生とキャンプ場にて

　当時、札幌では関東の予備校が夏や冬にだけやって来て、生徒を大勢集めて講習会を開き、短期間で大金を手にして帰るということが行われていました。その時その場だけ派手に燃えてすぐ消える。これでは、塾という仕事が社会的に一段低く見られるのも当然だと思いました。

　塾を開業する人は2通りあると思います。

　1つは利益追求型です。実態とかけ離れたセールスで生徒を集め、利益を優先する。古い時代に横行しました。もう1つは情熱追求型です。生徒が好き、教えるのが好きで、お金は後からついてくると思っています。

——塾一筋で生きて来た先生はどんな塾を目指していますか。

喜多　私はこの仕事が好きで、ただ一生懸命教えていれば何とかなる、食べていけると思って今に至っただけです。しかしここにきて、生徒達の根気とか、他人への思いやり等も確実に薄れてきています。授業が終わった後、私は生徒に言うのです。

「人間って絶対一人ではない。相手が良かれと思って自分にしてくれたことは、自分も考えて、相手を思いやって生きる必要がある」と。

大事なものがあるのですよ。普遍的なものがあるのです。金と勢いに任せて、それをないがしろにしてほしくない。合格実績だけを声高に言ったり、塾の大きさばかりを誇っているのはおかしい。「山高きが故に貴からず」ですよ。

――先生は音楽活動もしているのですね。

喜多　そうなのです。きっかけは長兄が中学2年の私にドラムセットを買ってくれたことです。

今も3つのバンドに参加しています。旭川のジャズのグループ、大学仲間のポップス系のグループ、札幌東高校の友人で作ったバンドと3つのグループに所属しています。CDも出しましたし、ライブ活動もやっています。

塾も音楽も、一生の付き合いだと思っています。

◉コメント

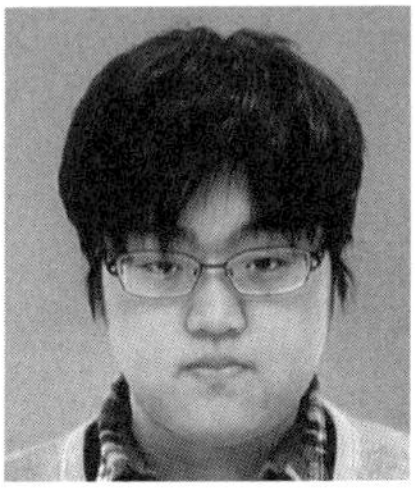

川崎祐太《かわさきゆうた》
北海道大学総合理系在学中
関係　元塾生

僕は小6の4月から高校卒業までの7年間喜多先生にお世話になりました。最初の印象はコワそうな先生。が実は頼りがいのある、楽しくてとても優しい先生。極めつけはその科目が不得意な生徒でも理解できるよう、豊富な具体例を示しながらのよ～く分かる授業。たしか60才を越えている？筈なので、お体に気をつけていつまでも頑張ってください。

北大家庭教師センター

センター長

吉村《よしむら》 幸博《ゆきひろ》 さん

●

〒001－0017
札幌市北区北17条西3丁目2－16
木村ビル2F

――吉村先生が中学生の時に「学校の先生にはなりたくない」と思ったのはどうしてでしょうか。

吉村　当時どこまで明確に意識していたか不明ですが、先生の気質が好きではなかったし、こういう大人にはなりたくないと思っていました。漠然と、「先生」は世間を知らない人達だと感じていました。

中学校で授業を受けながら、「この先生なら塾で採用できるな。この先生は無理だな」と自分なりに判断し、私の中では多くの先生が「不採用」になりました。今思うと、自分ながら不思議な子どもだったと思います。そんなことを考えて授業を受けている子どもはいませんでしょう。

しかし中学3年の時に1時間だけ習った先生が今でも忘れられません。担当の理科の先生が来られなくなり、代わりにこの先生が来ました。普通、自習の時は「何やってもいいよ。自習しなさい」と言って自分は生徒の前で本を読んでいる先生が多かったのですが、この先生は「このクラスは授業を教えたこと、ないね。授業やるかい」と言って授業を始めました。それが非常に分かりやすく、どんどん頭に入ってくるのです。生徒が理解できない箇所はここだろうと分かっていて、そこを突いてくる。わざわざそこに入り込んできて教えてやろうとする。覚え方まで教え、1時間でやった授業の内容をしっかり覚えたうえで、帰ってもらおうとする。究極のところまでやってしまう。そういう授業でした。

たった1時間でしたが、一生忘れられない授業でした。それ以来その先生の授業は受けていませんし、卒業してから会ったこともありません。双子の長男だと言っていました。名前は今でも覚えていますが、阿部先生といいます。一生の中でわずか1時間の出会いでした。

――先生は北海道の大学を卒業した後、東京駅前の銀行に勤めます。4年勤めてまた北海道に帰り

ますが、その経緯を教えてください。

吉村　東京では中野区に寮があり地下鉄東西線で30分かけて通勤していました。朝のラッシュアワーはすさまじく、4年間でネクタイピンを2個失いました。東京のど真ん中で働く企業戦士ですから、仕事は厳しいが楽しかったですね。しかし東京の生活は、北海道でのんびり暮らしていた私には合わないと分かりました。

北海道に戻りたい。戻るなら塾をやりたいと思いました。

――1970年代初めの札幌は塾といってもそんなにありませんでしょう。なぜ塾をやりたいと思ったのですか。

吉村　私が札幌にいたころは「実力養成会」という塾があり、大きかったと思います。しかし私は塾に通ったことも、塾で働いたこともありません。

ただ中学時代から、学校の先生は好きになれないが教えることは好きだという意識はありましたし、大学生のころは家庭教師をしていたこともあり、塾は早くからやりたい職業の一つではありました。

1974年（昭和49年）26歳の時、札幌で開塾しました。

教え始めると塾生の成績がどんどん伸び、それが評判となり、生徒がすぐに定員を超えました。教室を次々増やして講師として北大生を募集したところ、2カ月間で約200名が応募してきました。

――すごい応募数ですね。今では考えられませんが。

吉村　当時学生のバイトの多くは日雇いの土木作業員だったのです。札幌で初めてコンビニのバイトができたのはその後2～3年してからです。その意味で塾講師は人気の職種でしたから殺到したのもうなずけます。

その200人を何回か研修してから、どれだけできるか実地試験をし、最終10人を採用しました。選ばれた講師は20倍の難関を突破した精鋭講師として評判になりました。

――すみません。採用前に研修するというのはどういう意味ですか。採用が決まってから研修するのではないのですか。

先生方への研修中

吉村　いいえ、北大生といえども生徒に教えることに関しては全くの素人ですから、実際の授業のやり方を教え、研修をし、その結果どこまで習得できたかで採否を決めました。

――どのような研修ですか。

吉村　まず声の出し方、板書の仕方です。板書する時は黒板に半身になって45度の角度で書くのが良いとか、黒板に横真っすぐに書くためには天井の縁を基準にするのが良いとか、さらに机間巡視の仕方とか色々教えました。

それを下宿に帰ってから自分で何度も練習するように伝えて本番の試験、これを私達は「オーディション」と呼んでいましたが、実際の授業をやってもらって採点して決めました。全部終わるのに2カ月くらい掛かりましたよ。

採用の10人が決まると研修を何度も繰り返したにもかかわらず採用に至らなかった190人が残ったわけです。この学生に何とかバイトを世話してあげたいと色々考えました。そこでひらめいたのが家庭教師の派遣でした。

北海道新聞に4行広告を出しました。「精鋭の塾講師をご家庭に派遣します」と。この時が北海道で初めて家庭教師派遣業が誕生した年です。1977年（昭和52年）のことです。

——先生は先程ご自分が学生時代に家庭教師をしていたことがあるとおっしゃいました。それも起業に関係していますか。

吉村　そうです。私は教え方には、上手い、下手があると思います。私は学生時代に先輩から、「自分は大学を卒業するのでその後を引き継いで、家庭教師をやってくれ」と頼まれました。その時先輩が言うには、その子は「1年以上教えたがやる気のない生徒で成績はいつも中位下」とのことでした。

教室風景

教え始めると確かに挨拶もできない子でした。一人っ子で過保護に育てられて他人との接し方も不器用な子でした。そこで私は、生活全般の指導から始めました。まず両親に挨拶しなさい、廊下で先生に会ったら挨拶しなさいと教えました。すると彼は元々素直ないい子だったので、すぐに実行しました。すると生活全般にやる気が出てきて、成績はみるみる上がり、80点、90点を取るようになったのです。

その先輩は大企業に入社した、学力的にも人間的にも優秀な人物です。しかしこの体験から私は教え方には人によって能力差があると悟りました。今の私の研修はこの体験から出発し、その後40年近くにわたって練り上げられてきたものです。現在、講師に対しては毎月1回の集団研修と個別研修を欠かしません。

まず講師の挨拶と服装です。それからしつこいくらい研修します。私の研修についてこられる先生は教える腕が上達しますし、教えられる生徒の成績も上がります。北大医学部にトップ合格した子や、センター試験で95％得点し東京医科歯科大学に現役合格した子もおります。

生徒数は現在約400人。先生の数も400人で、登録数はその倍はおります。何よりも先生の研修が重要です。

――吉村先生は最初、普通の学習塾経営で起業し、間もなく家庭教師派遣に移行しました。両方を経験して、その違いは何だと思われますか。

吉村　決定的な違いが1つあります。塾の場合、生徒の成績が上がると塾の評判が口コミで周囲に伝わります。家庭教師の場合、関係者は口を閉ざすため他の人には伝わりません。

家庭教師の場合いくら良い結果を出しても宣伝にならないのです。私は、最初塾を経営していたので家庭教師でも同じように、その子の成績が上がると評判も上がり、生徒が増えて経営的に上向くと思っていました。全く違いました。

――えっ、どうしてですか。

吉村　成績が上がったことをほとんどの皆さんは公言したくないのです。家庭教師のお陰で志望校に合格したとは言いたくない、自分の力で入ったと思われたいのです。ですから家庭教師との関係を隠そうとします。

ある保護者は、家庭教師として派遣される先生の車は家の前には停めないで、コインパーキングに入れてから家に来てほしい、夕方の明るい内に来てもらうと家庭教師が来ていると分かるので暗くなってから来てほしいと要望されます。これは私達の業界の宿命みたいなものですから仕方ありません。

――では、どうやって宣伝するのですか。

吉村　「良い先生に出会うには良い家庭教師セン

ターを選びましょう。良い家庭教師とはきちんと子どもさんの点数を上げている家庭教師ですよ」と言うしかありません。

実際に学年ビリの子が学年5位まで伸びたケースがあります。高校2年の終わりの3月に申込みを受けて、11カ月間教えて5位になりました。女子の中では1番です。その後2カ月間、卒業するまでやり遂げましたので、恐らく最後は学年トップになっていたと思います。大学3校を現役で合格しました。出身高校の職員室で大騒ぎになり、その子の成績の伸び方は「ロケットの打ち上げだ」と話題になったそうです。その高校の先生からは早速、ご自分の子どもさんに対する家庭教師派遣の申し込みがありました。

家庭教師の場合、成績は奇跡的な伸びをします。特に、素直な子はすぐ伸びます。すぐ実行しますから。

成績は生きる力であり、社会に出て活躍する元になります。点数だけで終わるものではありません。

◉コメント

松《まつ》浦《うら》孝《たか》明《あき》
関係　本部指導員

吉村センター長は、「おせっかい」と思われるほど教育のことになると純粋で、伝えたいことが湧水のように湧いてくるようです。昼夜を問わず生徒の成績アップのことを考えており、Ａ4用紙一杯に詰め込んだ勉強の〝気づき〟を毎週発表されています。創業40年を超えたのも、それだけ強い想いを持ち続けているからこそ。その愚直な姿勢は、守るべき弊社の誇りです。

3

元気がもらえる塾長さん

元気がもらえます。
未来を語れます。
夢が熱くなります。
ぜひ
会ってみてください。

札幌進学ゼミナール

代表取締役

山《やま》田《だ》 光《みつ》仁《ひと》さん

●

〒001－0931
札幌市北区新川西1条3丁目11－14

――山田先生の塾の経歴を教えてください。

山田　1980年（昭和55年）の大学1年生の時から塾でバイトをしていました。

私が塾に入る前にはひどい塾があったようです。高額な教材販売をメインとし、各家庭を訪問しながらセールストークとして「この教材で勉強して分からないところがあれば近くの会館で週1回質問を受けますよ」と売り歩いたらしい。教材販売のための「勉強会」から塾ができたケースもあります。

私が長く勤めた塾はその流れを汲んでいて、当時すでに教材販売はしていませんでしたが営業体質の強い塾でした。生徒にうまく教える先生より、生徒をうまく獲得する先生が優遇されていました。そのため教える内容が粗雑になり、生徒が離れていく。生徒が少なくなるから営業で賄う。その悪循環でした。私は何度も上司に「これでは賽の河原状態です。教務にもっと力を入れた方が良い」と進言しましたが怒鳴られましたね。

そこで12年間働き、自分で今の塾を立ち上げたのが2004年です。

――新規開店は大変だったでしょう。

山田　そうでもなかったですね。それまでも塾内で新しい教室を開く時マーケティングリサーチをしていましたので、そのノウハウを活かしました。住民の数、生徒の数を調べ、生徒がいるのに塾が少ない場所を選び、自宅から20㎞圏内を探すと3カ所出てきました。テナントが借りられる場所で絞って2カ所抽出しました。それが花川北教室と新川西教室です。その後、稲穂教室を作り、最近は桑園教室を新規開校しました。現在4教室です。

塾が1軒もない場所はかえって良くないものです。1軒でも塾があれば、その塾はその地域に何年間もチラシを撒き、塾への意識付けをしてきてくれたわけです。そこにもう1軒出すと、人はどちらを選ぼうかとさらに意識が高まる。飽和状態でない限り、塾同士は共存共栄しています。私は塾経営で誰かと闘っているという意識はありません。塾は闘いを意識しなくて済む商売です。

――どのような塾を目指して作ったのですか。

山田　当たり前のことを当たり前にやればよいと思っていました。私は大手塾にいた経験から2つのことを学びました。

1つは、大手塾には教える力量があり、しかも本気で教えている先生は10人に1人位しかいないということ。

もう一つは、大手塾は講師と生徒が個人的な関係を持つことを禁じているということです。例えば、塾以外の場所で塾生と会ってはいけないと言われれば、そうだろうと納得できる。しかしさらに、特定の生徒に熱心に教えてはいけない、進路相談に乗ってはいけない、授業以外のことを話してはいけないとなると少し違うだろうと思う。

私は、塾は不平等で良い、むしろ不平等にしなければならないと考えています。できる子はどんどん伸ばし、できない子には手を掛けてとことん教え、進路相談には毎日でも応じるべきです。

子どもは人間対人間の関係で変わります。良い方に変わっていくことには積極的に関わるべきです。生徒一人ひとりに熱意を持ち、褒めて励まし、困っている子には相談に乗り、悪いことをしたら叱る、それが塾だと思います。こうした当たり前の塾が意外と少ないのです。

不思議ですが子どもの人間性が変わると成績が伸びます。うちの塾生は宿題を出すと95％がきちんとやってくる。しかしやってこない子がいる。しつこく叱る。闘いですね。その子がある時観念する。「分かった。明日やってくる」と言う。それからですよ、成績がぐんと伸びるのは。

教え方の上手い先生はそんなに簡単に見つからない。個別や家庭教師はしばしば「教え」てしまう。先生が「これがこうなる、だからこうだ。分かるか」と言う。「分かるか」と聞かれると大抵の子は「分かる」と答える。先生は安心し、子どもも分かった気になる。これではまずい。上手い先生は「教え」ない。生徒に解かす。ヒントは与える。上手い先生だけを集めたいが簡単ではありません。だからうちは正社員4人です。4教室しか作りません。塾を広げようという野心もありません。私の目の届く範囲に留めています。

ニセコのライヴハウスにて

――最近の子どもの様子で変わった点というのを感じますか。

山田　今の話と矛盾しますが、しつこく干渉してほしくないという子が出てきた。叱られることに慣れていない子、我慢できない子が増えてきたし、わずかだが、昔なら誰でも知っているはずのことを知らないという子が出てきた。

例えば「信長」、「秀吉」、「江戸時代」などという単語を初めて聞いたと言う。成績上位者の子でも言う。これは私の分析だが、家族がテレビを一緒に見ることがなくなったからではないかと思っている。一家に1台しかテレビがなかったら嫌でも親の見る番組を見ざるを得なかった。興味がない番組からでも、それなりの知識が入ってきた。今は皆自分の部屋で自分の好きな番組だけを見るか、ゲームをするか、スマホをいじるかです。これでは自分に興味のない情報は入ってきません。

——最後に先生の趣味は何でしょうか。

山田　まず音楽。中学2年からフォークが好きで、高校ではバンドを組んでいました。大学では映画とアンダーグラウンド（アングラ）の音楽。

今は、うちの塾の先生方全員で作った野球チームを率いて対外試合をすること。2週間に1回くらいの割合で練習試合もしています。

それに釣り。これから日高にカジカ釣りに行って来ますよ。

◉コメント

川《かわ》上《かみ》真《しん》司《じ》
札幌新生塾・塾長
関係　元同僚

山田塾長と私はある学習塾で講師として先輩後輩の間柄でした。私が入社後すぐに、山田塾長の授業を見学する機会があり、その時に受けた衝撃は未だに忘れられません。生徒とのコミュニケーション、授業内容、授業展開、すべてにおいて『この人には敵わない』と思わせてくれました。保護者との連携も綿密で安心して子どもを預けられる先生です。

學斗

代表

宮前《みやまえ》 圭吾《けいご》さん

●

〒002－8071
札幌市北区あいの里1条6丁目2－2

――ここ「あいの里教育大駅」前は塾銀座ですね。

宮前　大手塾が全部揃っています。

――開塾したのが2004年。こんな大手塾のど真ん中によく開塾しましたね。しかも27歳で。

宮前　場所と若さについては皆から色々言われました。当時勤めていた塾は市内に9教室あったのですが、それぞれの教室長が買い取って独立する動きが出まして、私もその流れの中で独立することになりました。

――普通、塾長は自分の教室を持った時はうれしくて塾に泊まり込むほどだと聞きますが、宮前先生もそうでしたか。

宮前　私の場合、前の教室を継続するという形でしたのでゼロからの新規開校ではなく、机、椅子、生徒達もそのまま引き継いだ形でした。当時は生徒達にどう授業を展開し、進路を確保して送り出すかで必死でした。開校の感動に浸っている余裕は正直ありませんでした。

最近になって、ようやく自分を見つめ直す余裕が生まれ、自分なりのやり方が少しずつ見えてきたという状況です。

――前の塾で3年、今の自塾で10年、何が見えてきましたか。

宮前　まだ私の中でも漠然としていますが、3つの点に着目して取り組んでいます。1つ目は好奇心、2つ目は内面的自立、3つ目は問題解決能力という点です。

1つ目の好奇心は、学習の前にあるものです。子ども達の持つなぜという疑問、知りたいという知的欲求を大事にすることです。学問は本来そこから出発したわけですが、好奇心は特に小学生の段階ではとても大事だと思います。好奇心が満たされることが楽しさに結びつきます。勉強は元々楽しいものだったはずです。高学年になるにつれ勉強は点数を取るためだけの手段となってしまい、学びの中にある楽しさの面が失われました。

塾生と一緒に

問題を次々と解いて行くことが求められ、勉強は作業となり、楽しいものではなくなりました。

2つ目は自立の問題です。自立には外面的自立と内面的自立があると思います。先生が生徒に勉強すべきだ教えることで生徒が勉強している姿を外面的な自立とするなら、生徒が勉強したいという内面的な欲求に促されて進んで自分から勉強する姿が内面的自立です。

勉強の前段階の好奇心を刺激するだけで、生徒達は、内面の欲求に応じて自分から勉強し、成長していきます。それに応じて、あとから成績がついてくる形になります。私が主導して生徒に教え、成績を上げたと思ったことはありません。生徒達が私との出会いの中で、それに気づき、自分から成長していったのです。

私がしなければならないのは、成長したいという生徒達の欲求を理解し、支えてあげることです。

3つ目の問題解決能力というのは、勉強の目標になります。勉強そのものに意味があるわけではないと教えています。学習塾という媒体の中で、生徒達と接していると必ず、勉強して何が得られるのかという質問に出合うことが多いのですが、私は、大人になって何らかの問題に直面した時に、それを解決する能力を身に付けるためだと答えます。勉強そのものに目的があるわけではなく、勉強はあくまで一つのツールにすぎません。

個としての人間の力を付けるためのツールとして勉強を利用しているだけです。つまり、勉強の後段にある問題解決能力を身に付けるために今勉強しているわけです。

——それはこういうことですか。まず好奇心があ

り、それに続く形で勉強がある。その勉強は外から強制されたものではなくその子の内面から出て来るもので、大人はそれを刺激してあげさえすればよい。勉強の最終目標は、後々大人になってから何らかの問題に直面した時にそれを解決するという能力を身に付けるためである。勉強とは、その最終目標を身に付けるための1つのツールに過ぎないと。

宮前　そういうことですね。徐々にそういう考えにたどり着きました。見学に来る先生方は、「そんな教え方でなぜ成績が上がるのか分からない、真似ができない」と言います。でも恐らく昔はこれが当たり前の方法だったと思います。それが、効率化を優先するあまり全部捨ててきたのです。大人達が自分達の都合で子どもから取り上げてきた感があります。

勉強の前にあるもの、勉強の後にあるものを捨て去って、勉強だけを自己目的化してしまったのです。

――具体的にどのように教えているのですか。

宮前　オープン型の個別です。仕切りがあると私に死角ができるので仕切りはありません。生徒達の行動や表情などすべてを把握しておきたい気持ちからです。座り方、ノートの取り方、何を書いているかなど学習の判断材料は全部つかんでいます。学校も学習内容も違う小・中・高生が一緒に学んでいます。学ぶという行為はうちの塾生にとり、同じ行為なので分ける必要はないと思います。

また、コミュニケーションを重要視して取り組んでいます。問題を通してやり取りするのではなく、その子の内面的なことをどう勉強につなげていくかが私の仕事だと考えています。

この私のやり方はコミュニケーション能力がないと誰もやれないと思います。日々、私一人で授業に取り組んでいます。私のコピーを作ることは無理ですから（笑）。

◎コメント

万木《ゆるぎ》京子《きょうこ》
関係　元塾生の母

写真は、向かって右から執筆者、卒塾生、卒塾生の姉、卒塾生の父

先生との出会いは、息子が小学3年生の時。以来、2浪までお世話になりました。先生はロン毛に茶髪、カラーコンタクトと、インパクト抜群!! 常に冷静。親が気付かない息子の長所、短所、変わっている点を見い出し、勉強以外の相談にも対処してくださいました。人は、いつ、誰に出会うかで、その後の人生に大きな影響を受けるもの。息子にとって、先生に出会えた事はラッキー以外の何物でもありません。未だに一番怖い人は先生だそう。今や、3人の子の親になられ、時の流れを感じます。ちなみに、いつのころからか我が家では、圭吾に聞いてみる、圭吾に聞いたの（?）と身内扱いさせていただいていました。先生、ごめんなさい。尊敬、感謝をこめて、お許しを。

学習塾リップル

塾長

油谷《ゆや》 徹《とおる》 さん

●

〒064－0809
札幌市中央区南9条西21丁目5－23　和田ビル

教室風景①

――インタビュー前のアンケート調査で、64項目にわたって回答してもらいました。その回答で分からない点が2つあります。1つ目は、リップルは「365日、24時間開いています」という回答。2つ目は油谷先生の睡眠時間帯が「午前11時から午後3時前後」という回答です。どういうことでしょうか。

油谷　私は現在、塾で寝泊まりをしています。ですから塾はいつでも開いています。睡眠時間は一日3～4時間で、昼間に寝ます。

――毎日職場に寝泊まりし、ほとんど眠らない生活をしているということですか。

油谷　朝は5時30分か6時くらいに中学生が勉強しに来ます。学校へ行く前に寄ります。夜、高校生が帰るのは遅ければ夜中0時か1時です。もちろん親の了解を得ています。

結果的に年間で私が一人きりになる時間はほとんどありません。回答の中身はそういうことです。

――つらくありませんか。

油谷　つらいと思ったことは一度もありません。むしろ楽ですね。

この仕事は、例えばお医者さんの仕事と違って死に直面することはないし、さしあたって身の危険もない。目の前の子どもの面倒を一生懸命見るだけで良い。楽だと思いますし、楽しくて仕方がありません。ただ、子どもにしてあげたいと思う半分もできていないのが悔やまれます。自分と同じ人間があと3人いたら、もっと子ども達にやってあげることができるのにと思います。

――授業形態はどんな形ですか。

油谷　一斉授業です。足りないところは自習室で個別に面倒を見ています。小中の割合は1対3くらいで、中学生は曜日によって分けています。例えば月木が中1、火金が中2、水土が中3という具合です。授業がない生徒は上の階で自習しています。

教室風景②

教室は2部屋だけです。第1教室35人、第2教室25人の計60人を定員としていますが、ここ数年はあえて合計50人に抑えています。本当は40人くらいが一番良いのでしょう。

基本的に塾生の友人、親の紹介しか受け付けません。広告チラシには「クラスによっては募集を締め切っています」と書きます。

うちの中学生を見ていると、真剣に勉強すれば絶対に全員が南高へ行けると思うのです。塾生には「同じ年齢の子が、同じ塾に通い、同じ授業を受けているのだから、差ができるのがおかしい。今からやれば誰でも南高へ行けるのだよ」と話します。

塾で勉強できない日を1日たりとも作らない、そのため塾を365日開けているわけです。全塾生が南高へ合格するという目標はまだ達成されていません。やるべきことがまだまだあります。塾を毎日開けていても足りないくらいです。

――過去10年間、毎年10人以上が南高に合格しています。秘訣は何でしょうか。

油谷　うちは特別なことは一切していません。教える技量が特にあるとも思っていません。授業時間も長時間はやりません。他塾と比べてとりわけ優れているところはないのです。逆に今日、田村さんから他塾の情報を色々教えてもらおうと思っていたくらいです。

　テキストも教材会社の物で、オリジナルではありません。ただ、テキストは授業では使いません。

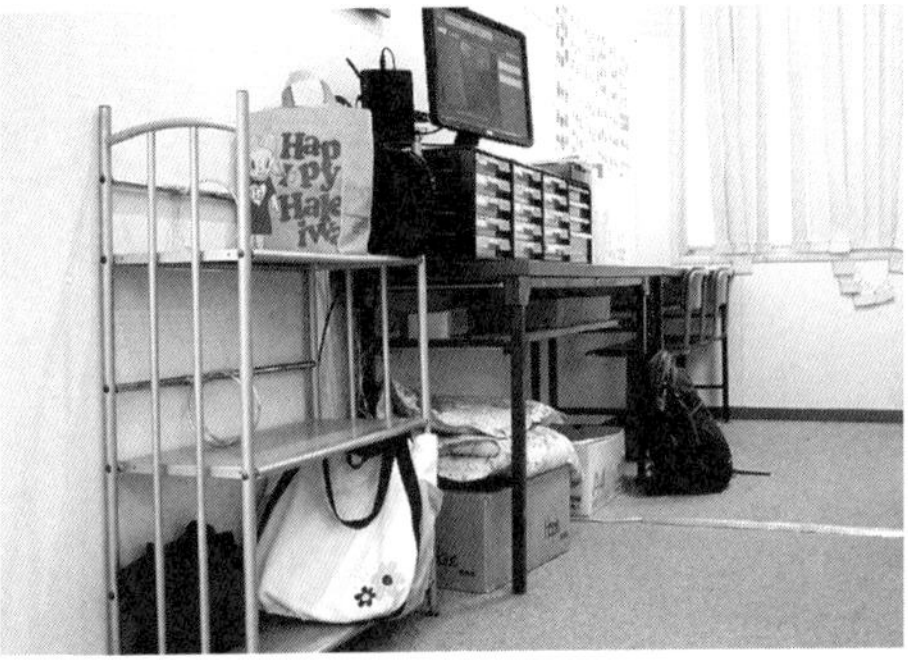

保護者が夕食のお弁当を届けに来て、ここに置いておく。学校から直接塾に来た生徒は、まず塾での夕食から

　授業ではひたすら生徒とのコミュニケーションを心掛けます。テキストを使い、テキストの問題を解かせていたら、私は何もすることがなくなります。何もしなくていいのは講師側としては楽かもしれませんが、時間がもったいない。テキストはあくまで宿題用です。

――ストレスはたまりませんか。体は大丈夫ですか。

油谷　24時間、生徒と一緒にいてもつらいと思いません。当たり前のことをやっているだけです。この仕事でストレスを感じたことは一度もありません。

　子どもの勉強を見るということは、単なるビジネスではないと思うのです。高校へ合格するかどうかでその子の人生が大きく変わるとするなら、教える側としてはできるだけのことをやってあげないと、お金をもらう資格はないと思うのです。塾をお金儲けの手段としてだけ考えるとしたらおかしなことになります。

　南高合格誰々とかよく塾に掲示してありますが、その陰で落ちた子もいるはずなのです。その子らがそれを見たらかわいそうです。うちは全員が南高に合格するまではそういう掲示はしないつもりです。

さらに、私はお金の計算はしていません。経営的な面は社長の佐藤に丸投げです。打算的になっては困るので、そちらは知らない方が良いと思って仕事を割振りしています。私はあくまで生徒主体の運営に回っています。

アンケートにも書きましたが一番好きな時間は、「生徒と一緒にいる時間」です。生徒達の人生に、少しでも役に立っていれば本当にうれしいと思っています。

◉コメント

山本直樹《やまもとなおき》
関係　学習塾リップル・講師

塾長である油谷先生は、生徒にとっては、勉強を分かりやすく教えてくれたり進路の相談に乗ってくれたりする「良き先生」であることはもちろん、時には生徒と一緒にふざけ合ったりする「良き友達」であり、友人関係などの悩み事を打ち明けられる「良き相談相手」であるなど、様々な面を持ち合わせている素晴らしい先生です。

札幌新生塾

塾長

川上《かわかみ》 真司《しんじ》 さん

●

〒001－0902
札幌市北区新琴似2条12丁目2－2

——川上先生は19歳で塾業界に入り今に至っています。変な質問なのですが、先生は何が面白くてこの業界にいるのですか。

川上　他人に何かを伝えることが好きなのですね。知っていることを教えて、「ああ、そうなんだ」と分かってもらうことが好きなのです。快感に近いものがあります。

私は19歳から塾の教壇に立ちましたが、授業がすごく下手でした。生徒がワイワイ騒ぐだけで何も聞いてくれない。つい「来週から来なくてもいいぞ」と怒鳴ったら、本当に誰も来なくなった。その教室は閉鎖になりました。同じことを別な教室でもやり、結局教室を2つ潰しました。

毎月1回、講師が集まって勉強会があるのですが、自分の教え方の下手さを散々批判され泣きそうになりました。何とかこの人達より上手くなりたいと必死で、大学の講義に出ながら塾の予習をしていましたね。

その塾で7年間教えました。教室で生徒から、「先生、今日の授業はよく分かった。良かったよ」と言われても決して自分に100点は出せない。もっと上があるはずだと思うのです。生徒を教えることで「満点取れた」と思ったら、今のこの塾は続いていないと思います。

小野二郎という寿司職人がいます。アメリカ大統領が来日した時、日本の首相と会食した場所が小野さんのお店です。ミシュランで毎年三つ星をもらっています。その小野さんが、未だに自分の握る車海老の角度に納得がいかないと言う。あの心境です。

——先生がそこを辞めて別の塾で教壇に立った後、2005年に「札幌新生塾」を立ち上げました。

川上　父から「うちの2階で独立してやってみないか」と誘われ開塾し、私1人で教えていました。父は6年前にがんで他界しましたが、私の尊敬する父でした。生前に、将来の妻を紹介できたことが少しばかりの慰めです。

――新生塾では、一斉授業と個別指導の両方を受講できます。珍しいですね。

川上　1人の塾生が一斉授業を週2回、個別指導を週1回受けるというシステムです。

私は一斉授業が好きです。集団の中で生徒同士が競い合い、皆の前で褒められるからです。成功体験を味わってほしい。学力を伸ばすだけなら個別指導が適しています。その代わり月謝は高くならざるを得ない。そこで両方の良いところを組み合わせたのがこのやり方です。

校舎全景

一斉授業にあって、個別指導に足りないものはモチベーションです。一斉授業だったら、他人に負けた悔しさがバネとなって、その子のやる気に火が付く。しかし個別では難しい。個別の弱点を克服し、個別でやる気を持たせるにはどうすればよいか。新たに第3店舗として個別指導の教室を開設し、その課題に取り組んでいるところです。

――講師の先生は4名しかいませんね。

川上　上は40歳を少し過ぎたところ。下は30歳前という年齢構成です。実力派揃いです。

塾という商売の商品はテキストでも、黒板でも、チョークでもありません。人です。人は講師です。講師が商品なのです。ですから新人は、3カ月間は生徒の前に立てない。3カ月経ってようやく生徒に「こんにちは」と挨拶ができる。クラスで生徒に教えることができるのは半年後です。

それまでひたすら研修です。そうやって作り上げたものが商品です。

――今、先生は講師のことを「商品」と言いました。また生徒のことを「お客さん」と呼んでいます。その言い方は私がいた学校現場ではひんしゅくを買いますよ（笑）。

川上　そうでしょうね。私が塾生をお客さんと言うのは、単にお金を払ってくれるからそう表現するのではありません。享受者が何を望み、供給者がそれに見合ったものを提供しているかどうか、不断に検証していく必要があります。両者のすべての関係性を含んでそう表現しているつもりです。確かな商品を提供して初めてその対価を頂けるのではないでしょうか。

――先生のところは、生徒集めのための校門でのチラシ配布はしないと聞きますが。

川上　講師の質の高さで生徒が集まるのが本物だと思います。また、生徒から「先生、今朝校門でチラシ配っていたよね」と言われて、リスペクトされる授業ができるかということです。先生に対してリスペクトがあり、その先生に褒められたから、よし頑張ろうとなる。

さらに塾の講師が朝早くから仕事をすることは、講師の本業に支障を与えかねない。講師の質を高めることこそが生徒募集につながると思います。

――先生は25年近く生徒と触れ合ってきていますが、最近の子どもの有り様をどう思いますか。

川上　集団の中での自己という感覚が少なくなったと思います。自分しかいない。他人がどう思おうと関係ない。自分がやりたいこと、自分が興味あることのみをやる。そして無気力。「進学先はどこでもいいです、入れれば」の意識では勉強しなくなる。講師は子どものモチベーションを上げるのに苦労しています。

時代とともに徐々に生徒の元気がなくなったと

感じます。「世界に一つだけの花」はいい歌だが、何をやってもいいし、何もしなくていいという両面を持った歌です。営業マンで車が1台も売れなかったら給料は上がらない。「だけど僕は自分なりに一生懸命頑張ったのだから評価されていいはずだ」とはならない。

将来この子達が一般企業の中で一生涯働くということができるかどうか心配です。本当にまずいですよ、このままでは。だから私は、もし私立高校に「ちゃんと社会に出られる子を作りますコース」というのがあれば、私は自分の子をそこに入れますよ（笑）。

◎コメント

山田《やまだ》光仁《みつひと》

札幌進学ゼミナール・代表取締役

関係　元同僚

実は川上塾長はじめ、新生塾の数名の先生と以前同じ塾にいたことがあります。どの先生も立派な方です。特に塾長の川上先生は、真摯に生徒一人ひとりに向かい、教務の面でも、いかに分かりやすく授業を行うかを徹底的に研究されていました。外見はスマートで優しい感じですが、実は熱い情熱を持った素晴らしい先生です。

時計台ゼミ

学長

金森《かなもり》 浩太《こうた》 さん

●

〒063－0812
札幌市西区琴似2条7丁目2－32
サンシャイン琴似1F

――金森先生にとり、塾の出発点はどちらだったのですか。

金森　生まれも育ちも北海道ですが、大学は関東の方で、大学1年から塾の講師をしておりました。大学卒業後は「W早稲田ゼミ」という塾で働き、会長の吉原俊夫先生とは今でもお付き合いさせていただいております。

――そこはどういう塾だったのですか。

金森　群馬、栃木、埼玉の北関東を拠点とする塾でした。塾生が1万4千人いました。大学生の時私は、塾はアルバイトとして働くものであって、正社員としてやる仕事ではないと思っていました。塾をかなり低いものと見ておりましたね。

――学生の間はずっとその塾で働いていたのですか。

金森　そうです。4年間塾で働きました。卒業後、超氷河期と言われる時代に都市銀行系の企業に就職し、東京で働き出しました。

――理想的な人生展開ですね。

金森　しかし1年で辞めました。1年で辞めるなんて前例がない、勿体ないと周囲からはかなり説得されました。親は何も言いませんでした。

結局W早稲田ゼミにご縁があり、再びそこで働き、その後6年間いましたが、塾を辞めたいとは1度も思いませんでした。塾という仕事が自分に向いていたのだと思います。

そこの塾は授業も、進度も、教材も自分で決めることができました。私はデザインが好きなので、自分で自分の教室のチラシまで作りました。「生徒第一主義」で、塾生には「さん、君」付けで呼び、丁寧語で話しました。集客の仕方も学び、塾の開業は春にすると失敗し、夏か12月にすると成功すると教えてもらいました。

――えっ、どうしてですか。

金森　塾というのは4月から7月の間は動きが少なく、8月から12月が入塾生の多くなる時期です。春に開業する人は、春の講習でダンピングして入塾生を集めようとする。しかし春講の時期は短く、保護者にはあまりお得感がない。むしろ高くても正規の授業をしている既存の塾の方が信頼される。安くするとかえって他塾に流れることになる。これに対して、夏や冬の開業は、講習が長いから安くすると親が動き出す。ここで浮動票を確保し、口コミで広げ、春に定員を上回って安定させ、1年がスタートするというのが良い経営の仕方です。

時計台バスでの塾生バス旅行

――なるほど。

関東の塾と北海道の塾の違いはありますか。

金森　関東なら、夏冬の講習に来た生徒の9割がそのまま入塾して当たり前です。8割しか入らなかったら上司から叱られます。しかし北海道では4割から5割入ったらオーケーでしょう。経済効率を徹底して求めないと塾は成り立たないと言われました。

先生方の授業力の向上も真剣でした。当時社内での模擬授業大会というのがあったり、生徒が先生の授業を評価する制度があったりしました。それまでは生徒一人10点満点の持ち点で何となくやっていたものを、私は「一生懸命で5点、分かりやすさで5点」という評価に変え、その理由も書くようにしてもらい、1位から順番に最下位まで一覧にして並べました。

数字は明確に語りました。先生の力量と生徒の増減は比例しました。生徒が減る原因は先生にあったのです。おのずと下の先生は居にくくなります。私は、北海道はまだ甘いと思いますよ。

——北海道の生徒はどうでしょう。

金森　「部活をやりたいからあの高校へ行く」とか、「公立高校ならどこでもいい」とか言う子がいます。好きなこととして、楽をして、将来いい思いをしたいというならば、塾に来ることはないだろうと思います。

質問しやすいオープンカウンター式の職員室

これは子どもだけに限らない。北海道全体がそうなっている。北海道の人は、「某公立高校を出て、北海道大学に入り、道内大手企業か公務員になる」、これが成功者だと思っている。「北海道モンロー主義」に陥ることなく、ぜひ北海道から出て行ってほしい。塾もそろそろ、「北大○○名合格」から「首都圏難関大○○名合格」に発想を変えた方が良いと思います。

——時計台ゼミではどう教えているのですか。

金森　勉強は将来何があるか分からないから、力を蓄えるために勉強するのだと教えております。

世の中、何が起こるか分からない。答えが出るかどうかさえ分からないことを考えなければ生きていけない。自分の頭で考えなければならない。自立して考える忍耐力を付けるために勉強するのであって、大学に行くためではないと言っています。自立できないなら勉強は意味がない。このあたりが北海道人の一番苦手なところでしょう。

——塾経営で大事なところはなんですか。

金森　経営効率の悪い塾は、それを値段に転嫁します。塾費が高いから子どもは中3の終わりにしか入塾しない。短時間だから成績は伸びない。伸びないから塾生は集まらない。こういう悪循環を繰り返しています。

うちの場合には、1クラス20名程度という集団授業。だから1人当たりの授業料は安く、中1からでも通塾できます。3年間来るから成績が伸び、伸びれば口コミで塾生が増えます。こういう好循環で回ります。

講習だけという生徒は基本的にご遠慮願っています。長く通ってくれる生徒を大事にします。申し訳ないですが5科350点以上でないと入塾ができません。

何よりも「ちゃんとした」塾を作っているつもりです。

――保護者への対応は。

金森　年1回、保護者会を開いています。子どもの教育はまず保護者の理解を得ないと始まりませんから。区民センターの大ホールを借りています。保護者約80名が集まってくれ、そこで私は1時間半ほどお話させていただきます。全学年を対象に話しますので、保護者の方には3年間の流れが分かっていただけます。

――今まで、困ったことは。

金森　全くないですね。毎日楽しい。

授業していても、生徒は目を輝かせて聞いてくれます。塾生が塾に一日いて一度も笑わずに帰る子はいません。生徒も楽しいのでしょう。生徒と話し、笑い合い、そして経営が成り立っている。こんな楽しいことはない。私も、生徒を「さん・君」付けで呼びます。「です・ます」体で話します。生徒を大人にするのが私の仕事であり、生徒を自立させるのが目標です。

――札幌の私学では、どこの高校の接遇が良いと思われますか。

金森　第一高校がしっかりしています。こちらの意図を汲むのが早い。立命館慶尚高校が道外の大学も視野に入れて進路指導している点が良いですね。北星女子高校は一生懸命やっている姿に好感が持てます。

——金森先生の車好きは有名ですが。

金森　お恥ずかしい。オークションで希少なものに出合うと「私がここで買わなかったら、この車はスクラップになるのだろうな」と思うと、つい手が出てしまいます。

今、私が所有している台数は私の年齢くらいあります。車検を取っていないのが多いですかね。その中にバスが2台あります。12mのフルサイズです。今度そのバスで生徒と留寿都へ行くのですよ、私の運転で。

金森学長の運転で留寿都へ

◎コメント

田《た》巻《まき》一《かず》総《ふさ》
志学会・塾長
関係　恩師（同業者）

金森学長に期待します。

金森学長は、気配りの人、細やかな心遣いの人です。北海道の塾業界には、塾の仕事の基本が「子ども達やご家庭に喜んでいただくこと」だと心から理解している方が少ないと思います。その中で、生徒の喜び、家庭の安心・満足を徹底的に追求されている金森学長の存在は、札幌の地で眩いばかりの光を放っています。今後、ますますの活躍を期待しています。

4

超まじめな塾長さん

こんな方も
いるのだ。
頭が下がる。

アサヒ英数学院

塾長

桝田《ますだ》 隆《たかし》 さん

●

〒004－0054
札幌市厚別区厚別中央4条3丁目5－5

桝田　「どうせすぐ、辞めるんだべ」と、その子はベッドに寝そべっているのですよ。「そうかもしらんな」と言って、僕はその子と交代してベッドに横になりました。2カ月間、寝ているだけの家庭教師をしていました。2カ月経つと中学1年のその子は、「お前、しつこいな」と言い、「しょうがないから、やるか」と数学をやり始めた。掛け算で2×4をやるのに、2を4回足した。えっと思ったら、7×8は大変。本当に、8回足した。それでこの子は小学生からやり直さなければ駄目だと分かった。

母親に「小学校から勉強し直します」と話すと、「先生、ありがとうございます。先生が初めてです、2カ月間持ったのは。今まで一番持って2週間でした」と言う。

それから3カ月間教えて、夏休みが終わったころようやく学校の授業についていけるようになった。その時ですよ、その子の顔色が変わったのは。目の輝きが違うのよ。1教科できたら、ほかの教科もできるようになった。めちゃくちゃうれしかったね。ああ、これが教えるということかと分かった。それがスタートだった。

――大学1年生の時から家庭教師をやっていたのですね。40数年前の大学生はどうやって家庭教師のアルバイトを見つけたのですか。

桝田　大学の事務局の前にたくさん貼り出されていましたから、自分で選んで行きました。1日3軒くらい教えに回っていました。1年が過ぎてから考えましたね。僕が毎日3軒回るよりは、みんなに来てもらった方が効率は良いのではないかと。それで部屋を借りて塾をやった。1974年(昭和49年)のことです。

教えていると、今まで勉強ができなくて「俺って駄目だな」と落ち込み、目がどんよりしていた子が、勉強ができるようになった瞬間、変わるという体験を何度もしました。子どもが変わる、その体験が忘れられなくなってしまった。

——そのうち結婚もし、本格的に塾を開業する。

桝田　開業したが、生徒は少なかった。とても食べていかれないわけよ。妻の貯金でなんとか生活していた。娘が生まれても、ミルクを買うお金もない。その子に小麦粉を飲ませたこともあります。3年間は悲惨だった。止む無く大手塾に雇ってくれと言いに行った。家庭教師と塾の経験があるからと頼んだが、学生は雇わないと断られた。

仕方なくそのまま塾を続けたら、4年目で突然生徒が増えた。おそらく最初の入塾生が卒業し、あすこの塾に通ったら十分高校へ行けると近所の親が認めてくれたせいだと思う。

——塾を長年続けていて、何が一番楽しいのでしょうか。

桝田　先ほど言った、本人が大きく変わる瞬間です。その瞬間、生徒の目の輝きが変わる。しかし頻繁にあるわけではない。勉強が面白いと分かるには機が熟さないとだめです。「俺、頑張ってみるぞ」という気があると入塾して半年から10カ月であっと変わる。普通は1年から1年半かかる。「親が塾へ行けって、うるさいから来た」という子は3年以上かかるから塾にいる間は間に合わない。高校へ行ってから花開くタイプです。

親は待てないのです。塾へ行ったら点数はすぐ上がる、成績はアップすると考える。そんなことはない。熟成期間が必要なわけです。年齢が低い程子どもは変わりやすい。小学5年生からなら一瞬で変わる。中3から来たら間に合わない。

母親に、「子どもを育てることは待つこと、じっと待つこと、機が熟すのを待つことです」と話す。でも待つのが一番つらい。母親は言いません。先生はそう言うけど、どうしても「あんたどうすんの、試験近いでしょ」と、つい言ってしまうと。しかし待つよりないのです。

——先生は教室をここ以外増やしていませんし、

他の講師を雇うこともしていませんが、どうしてでしょう。

桝田　塾は先生がすべてなのよ。学生雇って支店出しても僕と同じ授業はできない。食べ物なら、完全なレシピに基づいて作れば同じ味を出せるかもしれない。しかし、同じ教材、同じマニュアルで教えても同じ味にはならないのが塾なのよ。支店の味が落ちたら、本店も駄目になる。僕とほかの人では、口調、表情、コミュニケーションの取り方というのは全く別です。だから塾の先生という商売は、一代限りなのよ。

教室風景

——先生の塾の特徴は何でしょう。

桝田　僕はぎりぎりの生活ができればいいと思っている。それは開塾時からの方針です。だから授業料は極端に安い。安すぎておかしいと思われたら困るので時々値上げする。

それと自作のプリント5万枚。全学年で5万枚の問題プリントがある。全部手作りです。毎年作り変えます。

——奥さんは怒りませんか。

桝田　僕達が結婚したころ、毎年今年の目標を立てていました。お金を貯めて何を買うかと。今年の目標は「スリッパ」、ということもありました。妻は家の中でスリッパを履く生活が夢だったのです。よし、今年はスリッパを買おうと二人で決めました。今から考えると他愛もない目標でした。我が家では今でもスリッパを履いています。

幸福とは、日常生活の些細なことに安堵感を覚えることだと思います。

私の夢は、生徒の前で授業をしながら死にたいということです。

「1分前まで元気にしゃべっていたじゃないか」と皆を驚かせるほど元気に死にたい（笑）。

◉コメント

藤《ふじ》井《い》雪《ゆ》花《か》
小樽商科大学在学中
関係　元塾生

アサヒ英数学院の塾長である桝田先生は、生徒から「もじゃ」という愛称で呼ばれています。生徒との距離が近く、友達のような感覚で、分からない問題などを質問できる先生です。また勉強だけでなく、生きていく上で必要な知識も教わりました。この塾に入塾した時は正直変な先生だなと思っていましたが、今は桝田先生の元で学べて良かったと思っています。

プライム教育センター

代表

池田《いけだ》 圭寿《けいじゅ》 さん

●

〒004－0882
札幌市清田区平岡公園東8丁目1－1
ブルームライブ1F

――池田先生は大学1年から英進学院でアルバイトをしていたわけですね。当時の英進は塾生200人で、関東以北最大といわれる塾だったと聞いております。学院長の中村亨《とおる》（2008年他界）先生のもとで働いていたわけですが、池田先生から見た中村先生はどんな方でしたか。

池田　背は小さいが体格は良く、非常に気さくな方でした。採用の時の面接官が中村先生で、「君はキャラが良いね。うちは生徒と接するキャラを重要視している」と言い、先生の方から「よろしく頼みます」と握手を求めて来られました。うれしかったですね。どんな学生講師に対しても気軽に話し、最後にすぐ握手を求めてきました。授業は熱心で、生徒に付きっ切りで長時間やっていました。「自分は英進をゼロから築き上げた」が口癖でした。

――池田先生は学生時代から数えると30年近く塾教育に携わっていますが、この間で何が一番変化したと感じますか。

池田　英進はスパルタ式の集団授業で、授業延長は当たり前。延長すればするほど親が喜び、塾の前に夜遅くまで迎えの車が並んでいたものです。

最近では授業時間の延長は喜ばれません。時間通り効率よくやって成績を上げる、そうして初めて感謝される時代です。私自身も変わったが、教育に対する時代のニーズも変わったと感じます。

――池田先生はその英進を退職し、別な大手塾に就職したあと自塾を立ち上げますが、ずっと集団授業ですか。また集団と個別の違いは何でしょう。

池田　つい最近まで集団授業で教えてきました。完全に自分一人で教室を開いたのは2013年で、そこから個別に切り替えました。

集団授業はどうしても成績の中位の子に焦点を絞って教えるため、上位の子は分かり過ぎて面白みに欠けると感じ、下位の子は分からなくて困っています。上下で不満がたまります。全員に理解してもらおうとすると集団では限界があります。

個別だと一人一人の横について分からない点をはっきりつかんだ上で教えられます。教材もその子に合ったプリントを作り、きめ細かく対応できます。ですから個別の方が万遍なく全員に満足感を与えられるという利点があります。

ただデメリットとしては、講師の数が増えるため保護者にとり授業料が高くつきます。塾側にとっては、授業の組み方が複雑になり、コマ数と講師の組み合わせが難しくなります。

函館マラソン後、友人と

しかし成績が伸びるのは個別の方です。集団は目が行き届かないところが出てきて、細かい部分が見られません。個別は生徒目線で教えていけるので、その子の弱点もはっきり分かり、成績アップにつながります。

特にここ清田区平岡は授業レベルが高く、学校の授業について行けない子が多いので個別指導の需要は十分あります。その子が苦手とする科目だけを選んで授業を組めば、保護者にとって通塾費も安く抑えられるのでお勧めです。

――先生の理想としている塾はどんな塾でしょうか。

池田　私は函館で1年間予備校に通っていたことがあります。高校で全く分からなかった化学が予備校の先生に学んだ時、一瞬で分かるようになりました。理系は公式を使って問題を解くのが普通です。その先生は、なぜその公式を使う必要があるのか、その理由を説明してくれました。ただ暗記するのではなく、理由を説明してくれた時に化学が分かり、ほぼ満点近く取れるようになりました。苦手科目が得意科目に変わりましたね。

塾は分からないことが、分かるようになることが基本です。みんなの成績が上がって全員が志望校に合格するという目標を達成し、その後この近辺に教室を複数展開していきたいと思っています。

――先生は体力にも自信がありそうですね。

池田　いたって元気で、函館のマラソン大会には毎年出場しています。その時期には函館の私立高校の同級生が20名くらい集まり、走った後の打ち上げで大いに盛り上がります。

釣りも海釣り専門で、積丹、苫小牧と行きます。夜中に出発し、朝方現地で釣り、午前中に帰宅するというパターンで、年に数回行きます。

◉コメント

佐藤圭一郎《さとうけいいちろう》
北海道大学薬学部在学中
関係　元塾生

池田先生はとても優しい先生でした。中学生の私にとって、80分の授業は途中で集中力が欠けてしまうこともしばしばありました。池田先生はそんな私の様子を見て、叱るのではなく、休憩のための軽い雑談をしてくれました。とても楽しい話で、私はこの時間が好きでした。常に生徒を第一に考え、親身になってやる気を導き出してくれる。池田先生はそんな優しい先生です。

スコーレ　アップ

代表

神《じん》 慎一《しんいち》 さん

●

〒004－0022
札幌市厚別区厚別南1丁目7－7

——神先生はどんな子どもだったのですか。

神　札幌育ちで釣りが好きな子でした。中学のころから竿を持って川に行き、暗くなるまで釣っていました。

——それで大学も海洋学部へ行ったわけですか。

神　そうです。できれば研究職に就きたいと思っていましたので、卒業後札幌で環境調査の会社に入り、海洋プランクトンの生息について研究していた時は楽しかったですね。毎日、顕微鏡でプランクトンばかりを見て、夜通し朝の4時くらいまで観察していました。大学での勉強は基礎レベルにも達していないのがよく分かり、専門書を読み自分でひたすら学びました。

同じ現場に、現在東区で「スコーレ　ユー」という塾をやっている金先生も一緒に働いていました。金先生は水産学部出身でその方面では専門家でした。

そのうち会社から当時珍しかったコンピュータを社内に導入するプロジェクトを任されましたが、これもすべて独学でした。自分が1年くらいかけてようやく習得したことを社内の他の人に教えると、その人はわずか2時間足らずで理解してくれました。教えることの妙を知りました。

——塾とは縁遠い世界ですね。

神　その会社で13年間ほど働いていたある日、父の会社の専務がやって来て、次の社長を決める時期だから父親の後を引き継いでくれないかとの相談がありました。父は建築関係の会社の社長をしていました。かなり考えた末、最後の親孝行と思って引き受けましたが、翌年バブルが崩壊し、最終的に会社を整理することとなりました。

その後全く違う自営業を10年ほどやりましたが、どうも自分に合っていないとの思いがありました。親戚に学校の教員がたくさんいたこともあり、学習塾をやってみたいと思いました。昔から教えることは好きだったのです。

友達に話しましたら、その友達が街で偶然金先生に出会いました。すでに「スコーレ　ユウ」を開塾していた金先生から「それならうちで研修してから開業した方が良い」と進言されたとのことで、私は早速金先生のところで研修をさせてもらいました。

　金先生の情熱、行動力、バイタリティーには感服しました。私なんか金先生の半分もできていないと反省し、逆にだからもっと頑張れるとも思いました。いい勉強をさせてもらいました。

朱鞠内湖にてイトウをゲット

　そして2008年、「スコーレアップ」という名で開業しました。開塾時は緊張感とわくわく感でいっぱいで、最初に入塾してくれた生徒のことは生涯忘れません。

――もう8年目に入っています。今、どのような塾ですか。

神　塾は個別指導で、最多でも3対1で講師を付けています。主に中学生対象です。

　塾では「分かりやすく丁寧に教える」ということに徹しています。塾としてまだまだやるべきことがたくさんあり、私にとってはこれからが勉強です。

――これからどういう塾にしていきたいですか。

神　開塾当初は大きな塾にしたいと思っていましたが、今は誰でも来られる塾にしたいと思うようになりました。基本的に教えることが好きで、今その延長線上で仕事をさせてもらっております。本当は、自分の生活さえ維持できれば塾の授業料は無料にしてもいいと考えています。

　将来、ボランティアで塾をやるというのも良いのではないか、勉強したい人は誰でも気軽に来てもらって教えてもらえる、そういう塾ができないものかと思案しています。

――塾長自らボランティアで教える塾というのは初めて聞きました。先生は腎臓の持病を抱え透析も受けておられます。趣味の釣りの方は難しいでしょうか。

神　ところが釣りの時は不思議と元気になります（笑）。1カ月に1回は行きます。私の場合は川釣り専門ですので札幌近郊では人が多くて釣れません。自家用車を運転して帯広とか旭川方面に出かけます。その時は眠くないのです。土曜日の夜中に出て、一日釣って日曜の晩に帰宅します。

　将来はボランティアの塾をしながら生徒と過ごし、土曜日には魚と遊ぶ、そういう生活をしたいですね。その時に初めて、教育の何たるかが見えてくるのかもしれません。

◉コメント

神良一《じんりょういち》
元札幌第一高等学校教諭
元行政書士神良一事務所
関係　叔父

　甥・慎一は温和な風貌を持つ、明朗で円満な人格者です。東京の大学卒業後は大手企業の社員となり、その後、会社の役員等をし、社会的経験は豊富で、多角的な物の見方ができる人物です。教育的知見や受験指導については卓越し、塾生個々人の能力・適正を見い出し、進展させる力を備えている塾長だと思います。塾のますますの発展を期待いたします。

神谷塾

代表

神谷《かみや》 英樹《ひでき》 さん

●

〒063－0813
札幌市西区琴似3条4丁目3－18
高橋ビル203

――神谷先生は北大理学部地球物理学科を卒業後、東京の地質コンサルタント会社に就職しますが、7年目に塾業界に転職しています。会社を辞めたのはなぜでしょう。

神谷　入社から6年間は充実した毎日を過ごしましたが7年目に新しい部署へ異動となった途端、新しい上司と折り合いが悪くなりました。

何かミスをすると呼びつけられてフロア中に響き渡る声で怒鳴りつけられました。それが一日中続くのです。恥ずかしいし、会社に行くのが辛くなって、月曜の朝が地獄になりました。勤務中にトイレで吐いたりするようになりました。心療内科の医師からは「ちゃんと直すには、上司が替わるか、あんたが他に移るしかないね」と言われました。

――それはパワーハラスメントではないですか。会社は動いてはくれなかったのですか。

神谷　昔はパワハラという言葉も概念もありません。部署の先輩とか前の上司に相談はしましたが、「あの人はそういう人だから」と慰められただけで終わりました。ならば会社を辞めよう、たかが会社じゃないかと割り切れたのは幸いでした。

――第二の職場として塾を選んだわけですね。

神谷　昔から子どもに教えるのは好きでしたし、教員免許も取っていましたから教師をやってみたいとずっと思っていたのです。東京の新橋にあった道内企業の紹介所で「クラーク学秀会」の求人を見つけ、当時の向田幸正塾長の面接を受けて採用となりました。最初は悪戦苦闘でした。早朝から予習をし、授業の導入の仕方から板書の内容、話し方、笑いの取り方とか、いろいろ計画するのですが上手くいきません。授業をコントロールできるようになるまで3年程かかったと思います。

――2010年に独立しました。独立を決めたいきさつは何だったのでしょうか。

神谷　クラークでも多くのことを任せていただい

ていましたが、40歳を前にして、すべて自分の責任でやってみたいと思い始めました。そんな気持ちを読まれたのか、当時の向田塾長から独立を勧められたのです。

　向田塾長からは他塾の先生とも話してみろと言われ、ボストンの坂井先生、洛陽舎の松谷先生、スコーレ　ユウの金先生、進学舎の高垣社長（当時）に相談しました。そのお陰でスムーズに開業できたと思っています。

教室風景

——神谷塾の指導方法と「全部見る方式」について紹介してください。

神谷　まずワークブックの半ページか1ページを自力で解かせ、その場でチェックして返します。できていれば先へ進み、不備があれば直し、完成するまで繰り返します。最初はノーヒントで返し、次からは少しずつ教える。教師の方で見てやれば、自分で正解を見ずに済みますし、正解が複数あるような用語問題や記述問題も、合っているのかどうかきちんと教えてやることができます。

　「全部見る方式」では、例えば数学の計算問題の途中式で、どんな文字を書いているかを大切にしています。漢字や仮名の誤りはもちろんのこと、最低限の奇麗さで書けていないものは書き直しを命じます。最初から奇麗に書いた方が早いと分かると、奇麗に書くようになっていきますね。

——塾で教えるようになって20年を超えるわけですが、塾の仕事をどうとらえていますか。

神谷　会社員のころとは違い、仕事がつらいと思ったことは一度もないですね。自信を持って教えられないことがまだまだあって、もっと勉強しなくてはといつも思っています。この仕事に飽きるということはありません。自分に合っているということでしょう。

それに、教えながら「しびれる」瞬間があるのです。教えていて、生徒が良い反応を示し、ああこいつ、分かり始めたなと感じる瞬間がたまらない。しびれます。この仕事の醍醐味でしょうね。

——ところで、先生の出身は愛知県ですね。東京を離れる時、故郷の愛知に帰るという選択肢もあったはずですが、大学時代の札幌に戻ろうと思ったのはなぜですか。

神谷　故郷にはすまないのですが、愛知に帰ることは全く考えませんでした。学生時代に札幌の居心地の良さを知ってしまったからでしょうか。

札幌は、冬の寒さや雪の多さを我慢すれば、こんなに住みよい町はありません。空が奇麗です。9月とか10月、すきっと乾燥して、ほの暗い青空が広がっています。そんな青空をいくら眺めていても飽きません。それだけで札幌に住んでいる価値がありますよ。

——お子さん2人は札幌生まれですね。

神谷　東京では子どもを育てるということは想像もできませんでした。子どもがほしいと思わせてくれたのも、札幌の町でした。

——北海道の将来について思うところはありますか。

神谷　北海道の町はぽつんぽつんと点在しているところが多いですよね。だから九州のように、点と点を結ぶ豪華列車を走らせたらいいのではないでしょうか。北海道の景色はほかの府県には見られない貴重な観光資源ですから。

——いいですね。山手線のように環状運転にして、どこからでも乗降できるようにし、1日で1周できるようにすると面白いでしょうね。塾につ

いてはどうでしょう。

神谷　「イヌ塾」「ネコ塾」をやるのが夢です。普通の塾と併設で、生徒が勉強しながら動物と触れ合える教室を作りたい。生徒の足元に犬がいたり、机の上や生徒の膝に猫が寝ていたりするのです。アレルギーのある子や動物の苦手な子は普通の塾。動物がいると遊んでしまう子も普通の塾。ただ、自社ビルでも持たないとイヌ塾、ネコ塾は無理でしょうね（笑）。

◉コメント

蝦《えび》名《な》未《み》希《き》子《こ》

株式会社正文舎　メディアコンサルタント

関係　大学の交響楽団の後輩

２００４年に神谷塾さんのホームページをリニューアルしました。既に神谷さん自作のサイトがあったので、デザインが決まれば後はテキストを移植するだけ。ところが…記事をつい読み耽ってしまうものだから、なかなか捗らないのです。当時私も小学生の親でしたので、子どもを通わせるならここだ！…と思ったものです。家から遠くて叶いませんでしたが。多分これからもずっと。

5

どこか魅力的な塾長さん

なんともいえない
魅力が
あります。
なんだろう。

新琴似　堀塾

塾長

堀《ほり》　哲《さとし》さん

●

〒001－0907
札幌市北区新琴似7条12丁目3－39

――堀先生、スポーツは何をしていましたか。

堀　中学生の時は陸上部で長距離をやり、大学では準硬式を3年間やっていました。

――高校時代は何を。

堀　高校の時は何もしていません。実家が古平町で、そこから小樽の高校へバスで片道2時間掛けて通っていましたので部活はできませんでした。勉強は往復のバスの中でしました。欠席は3年間で1日か2日だったと思います。

――いい体格をしています。

堀　よく食べます。自分が量的によく食べる人間だと知ったのは社会人になってからです。コンビニで自分一人が食べる分を買ってレジに行くと、店員さんに「お箸は何膳使いますか」と聞かれることが多く不思議に思っていました。好きなものを食べられることが楽しかった。働き始めた当時は84kgありました。今は64kgです。

――大卒後すぐ育英舎自立学習塾で働き始めます。塾に入社した動機は何でしょう。

堀　先生との出会いで人は変わるという体験したことが根底にあります。小学校5、6年の担任の先生が佐藤瓊子《けいこ》先生というのですが、その先生と出会ったことが忘れられません。

普段から生徒に愛情を持って接してくれていました。隣町にイベントが来ると皆を誘って連れて行ってくれました。6年の時には高倉健の「南極物語」を見るため10数人を募り皆で行きました。

卒業文集には先生の書いた「信じられるのは信じるから、愛されるのは愛するから」という言葉が載っていたのを覚えております。その意味は小学生には分からなかったと思うのですが、今にしてよく分かります。当時すでに結婚して子どもがおられました。卒業以来会っていません。人はどんな先生と出会うかによって人生が変わります。その体験があったので、塾という仕事に入りました。

——その塾に15年間勤めたわけですが、そのほとんどが新琴似教室というのも珍しいですね。

堀　そうですね。私が入社した当時は全体で8教室程しかなく、社員も20名くらいでした。新琴似教室の教室長となってから数年して上長《じょうちょう》になりました。上長は教室長の上になり、授業をしないで3〜4教室を巡回して先生方を指導する立場になります。私は授業をしたかったし、新琴似教室に愛着があったので、新琴似教室の教室長をしながら他教室も見るという変則的な上長をやらせてもらいました。

愛児・旬くんと

——それほど新琴似にこだわったのはどうしてでしょう。

堀　新琴似地区があまり教育に熱心な地域ではなかったからです。札幌全体の成績では下位に属します。そういうエリアで子どもに教えることが自分に合っていました。やりがいを感じました。能力の高い子だけを集め、成績を伸ばしたとしても私は満足感を得られなかったと思います。

——こだわりがあった新琴似で自塾を開いたのが2010年。それまで勤めた育英舎との関係はどうでしたか。

堀　当時の社長は「独立したいならば早くしなさい」という人でした。普段から塾運営に関わる経費の金額を教えてくれ、新聞販売店にチラシを持ち込む方法や単価を教えてくれました。「勤続が長くなると給料も上げなければならないから早く出て行って独立しろ」と言わんばかりでした(笑)。

育英舎を出て独立した塾が市内にかなりあります。そういう塾長達が年1回集まり、旧交を温めているのも他塾にはない良き伝統でしょう。皆、今でも仲が良いですよ。

――昔の子どもと今を比較して違いがありますか。

堀　昔の子は「志望校合格は危ないよ」と言われてもチャレンジする子が多かった。今は、すぐあきらめ、困難な状況に立ち向かって行く子は少なくなりました。

また塾にやってくる時期が年々遅くなっています。昔は遅くても中2で入塾していたものが今は中3になってから来る。そういう子は切羽詰って真剣に勉強するから伸びることは伸びるが、塾としてできることは限られてくる。子どもの将来を考え、もっと早くに入塾させてくれたら可能性はもっと広がるのにと思います。

――塾対応が良い私学はどこでしょう。

堀　そもそも私学との接点がありません。私学はただ一方的に資料を送って来るだけで私学の先生と話したこともありません。

――そこが北海道の特徴です。生徒募集において指導力を発揮するのは関西では塾、私学、公立の順番です。塾がかなり力を持っています。北海道は公立、私学、塾の順番です。塾が最下位です。どちらのパターンも良し悪しはありますが、少なくとも北海道の塾は教育に関してあまり発言力を持っていません。塾の力が弱いのは私学が塾を育てていないからです。

私学が勝手に資料を送って、塾に見ておけと言うのは失礼な話ですが、それを失礼だと認識している私学がどれだけあるでしょうか。私学と私塾は共存共栄なのに私学は私塾を見下しています。私塾と私学が力を合わせない限り北海道の教育は良くならないし、子ども達は全国下位で将来にわ

たって苦しむことになると思います。

――ところで先生は子どもをどう見ていますか。

堀　子どもは大好きです。子どもは素直で、新しい情報に好奇心を示し、何でも吸収する力を持っています。

これは私の信念ですが、大きいものをつかむことはすぐにはできないが、努力を積み重ねれば必ずつかめると思っています。そのことは子ども達にも常日ごろから言っています。

――将来の夢を、塾と個人的なものに分けて教えてください。

堀　札幌市内に全部で5教室展開したいと思っています。そのための有志を募りたい。

個人的な夢は年老いてからエジプトに行き、アブ・シンベル神殿を訪ね、神殿の奥にある神像が太陽に照らされるのを見てみたい。妻はイギリスが好きなので、別々に行動し、2日目には2人とも好きなスペインで合流し、サグラダ・ファミリアを見ようと夢を描いています。そのためには老いても足腰が丈夫でなければならないので、日曜日にはベビーカーを妻と交代で押しながら4kmの道のりを散歩しています。

――先生が尊敬する人は、ご両親とのこと。

堀　この年齢になって改めて両親はすごいなと思いました。父は警備員の仕事をし、母は水産加工場で夜8時まで働きづめで、2人で旅行に行ったこともなく、自分の時間のすべてを3人の子どものために使い、愛情をいっぱいに注いで育ててくれました。そのありがたみが今になってようやく分かりました。

月に1度、孫を見せに古平に帰ります。孫をかわいがる親を見るのがたまらないのです。

◉コメント

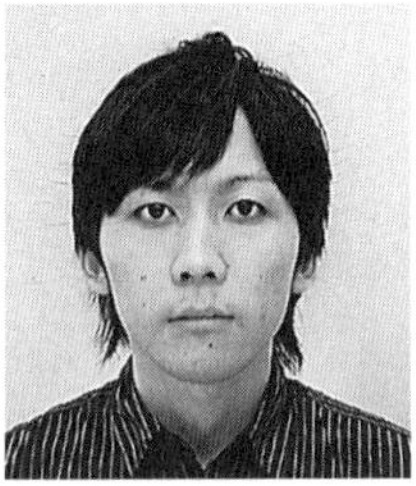

荻野創《おぎのそう》
堀塾講師・北海道大学在学中
関係　元塾生

堀先生はとても温かい人です。中学校のころに当時堀先生が塾長だった塾に通っていて、とても親身になって勉強を教えてくださることに感動し、将来自分も堀先生の下で働きたいと思っていました。他の講師の方も皆堀先生の元教え子なのは、僕と同じ気持ちだからだと思います。そんな堀先生だからこそ今の堀塾のような温かい塾ができたのだと思います。

向學塾エルサポート

塾長

冨《とみ》澤《さわ》 純《じゅん》さん

●

〒003－0027
札幌市白石区本通8丁目北6－1

――冨澤先生は大学在学中に留学をしていますが、どちらに行かれたのですか。

冨澤　米国北西部のポートランドです。1年間の交換留学で行きました。大学の寮に住んでいましたが、フレンドシップファミリーにもお世話になりました。ロスさんという家族で、毎週行っている日曜日の教会礼拝を休み、私をあちこち連れて行ってくれました。何でも相談できたファミリーで、今でもお付き合いさせてもらい、尊敬できる人達です。

大学はアメリカの学生と全く同じ扱いで、一緒に講義を受けました。向こうの講義は日本と違い、学生が円形に座って自分の意見を述べる形です。例えば「インディアンの文学について」というテーマで議論するのですが、聞くのは分かっても話すのは苦労しました。

――大学卒業後の仕事は何でしょう。

冨澤　英語を活かす職業として外車の輸入販売の会社に勤めました。しかし日本での現地生産が主流となり、英語を使う機会が少なくなったので、7年間勤めて転職しました。

語学は使わないと忘れる一方なので、子ども達に英語を教える学習塾ならいいだろうと思い、塾生が80人ほどいる個人塾に勤めました。しかし生徒数が増え、コマ数が増えても給料は変わらず、ボーナスが出ない年もありました。待遇は経営者の恣意的な運営に任されていました。生徒数は減り始め、9年後には中3生が15人の塾になっていました。

そのあと大手塾に2社勤め2010年、今の場所に自塾を開設しました。

――開塾に当たってこの地を選んだ理由を教えてください。

冨澤　大学卒業後白石区に住んでいましたので通勤しやすく、小中学校の事情にも明るい白石区に決めて絞り込みました。場所的に南郷通が理想的でしたが家賃面で折り合いませんでしたので、12号線沿いの南向きで、きれいな1階部分のテナントを探し、ここに決めました。ここでしたら、3中学の中間地点なので特定の中学に偏らなくて済みます。

――教室を拝見すると一斉授業のようですね。

冨澤　そうです。私は、個別では生徒の成績は伸びないと思っています。個別指導というと、その生徒に合わせて特別指導しているように、口当たりよく聞こえますが実際はそれほど成績が上がりません。むしろ成績の良い子から刺激を受けて、負けたくない、少しでも上位の子に近づきたいと頑張る一斉授業の方が成績は上がります。

教室風景

ただし一斉授業で分からない子には個別に対応し、質問に答えていかなければなりません。それと、まれなケースとして1から10まで全部手を掛けて教えてあげないと理解できない子がいます。そういう子には完全に1対1で一つずつ教えていく必要があります。

――業界全体では個別が主流になって来ています。

冨澤　そうです。ただ個別と言いながら、1対3とか、1対6とかで、その子と1対1で話す時間は限定的です。「個別指導しますよ」と言われると、親の目から見たら自分の子は優遇されており、その分学費も高くて当然と思いやすいでしょうね。しっかり指導している個別もあるでしょうが、私は一斉指導を主にしています。

――先生の塾の特徴である「できるまでやる指

導」について教えてください。

冨澤　うちだけではないと思うのですが、うちは徹底してそうしているということです。

週の最後の金曜日に確認テストをやります。8割得点すれば合格ですが、到達しなければ満点取るまでやり直しをします。できなければ、遅い子は夜11時まで残ってやります。もちろん親の了解を取っております。

ほかの塾は今、そこまで徹底していないと思います。やらせ切っていないから、できるようにならないし、達成感を味わうこともないのです。11時を目途に最後までやらせる。生徒にとって金曜日は「長い日」と意識付けられています。

テスト問題はすべて私の手作りです。一斉授業の教材は教材会社のテキストですが、テストは授業進度に合わせたものでないと理解が深まりませんので、過不足ないものを自作します。

それともう一つ。「授業ノート」を毎日生徒に書かせています。これも手作りです。その日の学習科目、内容、理解度、宿題などを記入して生徒と塾と親が相互に確認していきます。その日に学習した内容を記録しておく習慣をつけておくことが大事です。

――先生の塾はどんどん大きくなっている印象を受けていますが、将来はどんな塾にしたいのでしょうか。

冨澤　学習と遊びの総合教育の場としての塾です。札幌の子ども達は自然の素晴らしさを分かっていません。自然との遊び感覚を楽しみながら勉強する塾でありたいと考えています。海、山、花、木、魚などに触れながら体験と結びついた学習を追求したい。

特に理科実験を多く取り上げたいと思っています。私が塾業界で一貫して取り組んできたのが理科実験なのです。それを塾でやりたいと思っています。元々は英文科出身なのですが（笑）。

◉コメント

佐《さ》々《さ》木《き》信《しん》次郎《じろう》
美容室オーナー
関係　友人

冨澤さんとは、かれこれ25年お付き合いをさせていただいております。冨澤さんから渓流釣りに誘われて、人生のフィールドが広がりました。釣りのいろはだけでなく、川から上がって林道での会話が楽しく、昆虫、花、草の博学ぶりにはびっくり。尊敬する師匠です。自分の生き方をしっかり持って、心根が優しく、頼もしい男です。

学友館

塾長

阿部《あべ》 智巳《ともみ》 さん

●

〒062－0053
札幌市豊平区月寒東3条18丁目
1－71－A101

――失礼ですが体重はどのくらいですか。

阿部　現在ちょっと多めですね（笑）。

――柔道をやっていたのですね。何段でしたか。

阿部　5段です。大学時代の体重は78kgです。

――柔道は今もやっていますか。

阿部　やりたいのですが、柔道の練習時間帯が塾の時間とかぶりますので無理ですね。

――開塾したのは1997年（平成9年）で、もう20年近くなります。開塾のきっかけは何でしたか。

阿部　もともと教員志望で、大学では地歴公民の免許を取りました。大学時代から塾や予備校で教えていました。大学を卒業した時、10歳下の弟が中学3年生で、弟の友達が高校受験のため何人か集まったのを機に開塾しました。最初、塾生は17名おりました。

――17名とは多いですね。スタート時点から恵まれていたのですね。それまではどちらの塾で教えていたのですか。

阿部　池上学院（池上公介理事長）です。学生時代から6年くらい教えています。色んな生徒がおりました。小学生から大学浪人まで、超できる子から超できない子まで、不登校とか問題行動のある子とかもいました。国語、社会科を中心に教えていましたが、柔道をやっていましたので、多少気の荒い子でも懐いて来ました。池上学院と私の性分が合っていたのか、昼となく夜となく教えていました。大学よりも真面目に通っていましたよ（笑）。

手を焼いたのはやんちゃな子よりも超できる中学浪人の子の方です。公立トップ高校を目指す子らはプライドが高く大変でした。多い時で30人くらいおり、全員合格しました。

――池上学院の教え方はどんな形なのですか。

阿部　基本的に個別です。色々なパターンの生徒がいるので集団は最初から無理でした。講師1人に対して生徒4人くらいで教えていました。

――今の学友館のやり方と同じですか。

阿部　そうです。うちの場合も講師1人に対して生徒は最大4人までです。間仕切りはありません。

――先生はなぜこの地に開塾したのですか。

阿部　月寒が地元で、ここで育ったのですよ。塾の目の前が出身中学です。塾の大家さんが子ども時代からの知り合いで、「塾開くなら、うちを使いなさいよ」と言ってくれました。

子ども時代からここで生活しているから、子どもの行動パターンがよく分かるのです。中学校の生徒が授業中にいなくなっても、たまり場はあの辺だよとか、私の子ども時代はこうだったよとか話せる。普通に地元にいる「おじさん」になれる。

中学の目の前だから、塾生は部活帰りにそのまま塾に来ることができるし、保護者も中学の先生との面談の後、すぐ塾に来て「中学の先生に、この成績では行く高校がないと言われた」と泣いたりする。「頑張ろう」と慰めて、全員合格してもらう。広報にそれほど力を入れなくても塾の内容が自然と広まります。地元出身ならではの強みですかね。

――先生は今、大学でも教えていますね。

阿部　塾に支障のない範囲で、2カ所の大学で教えています。

――塾の楽しさと苦しさ、両方を挙げるとしたら。

阿部　塾に限らず大学であっても、人に何かを教えるというのは基本的に楽しいことです。問題は子どもの管理とか、親の理解とか、生徒募集とかが難しいわけです。開塾してみて初めて知ったのは、当然ながら会社のトップである自分が全発想、全責任を負わねばならないということです。全部自分が受け止めるしかない。これは思ったよりもつらいことでしたね。

ただ卒塾生が訪ねてくるのですよ。公立の学校と違い、塾なら何年経っても同じ先生がいるだろうと会いに来る。この時はうれしいですね。

また高校受験で頑張った塾生と一緒に毎年3月にディズニーランドへ行くのも楽しいですよ。やり遂げた充実感を生徒と共に味わう瞬間です。

――これからの塾の方向性を教えてください。

阿部　うちの塾の傾向として、最近、小学生の入塾が増えております。小学生は勉強に関して本物の力が付く年代です。おそらく学校の定期テストに追われない分、じっくり学ぶには良い時期なのかもしれません。あまり勉強に熱心でなかった子が辞書を引きながらこつこつ学習し出すと、それが身に付き、崩れないのです。そしてそのまま中学に続く。

ディズニーランドにて

私は、中学1年の6月が非常に大事な時期だと思っています。この時に最初の定期テストがあります。ここである程度点数が取れていないと、その後の中学3年間で逆転するのは難しくなります。内申点があるからです。中学に入ってから頑張ろうでは遅いのです。

小学校から学習意欲に目覚め、学ぶ力を身に付けているかどうかが、中学へ直結していくと思っています。中学生は、少し勉強すると点数が取れます。しかし手を抜くとすぐ下がります。点数だけ追い求める中学生は崩れやすいのです。

その点、小学校で本物の学ぶ力を身に付けた子は崩れません。底力があります。これはわずかな差ですが、将来を決める大きな差になります。うちは今、小学生からの入塾が増えていますので、その方向をさらに推し進めたいと思っています。

——塾業界全体への思いを聞かせてください。

阿部　一般的に、塾への評価が低すぎると思います。これは塾業界自体にも問題があります。教育の一翼を担っているという自負が薄れ、ダンピング合戦ばかりしているので、保護者は価格の問題のみに誘導されやすくなります。教育の一翼を担っているという誇りを持ちたいですね。

——体力に物を言わせてこれからも頑張ってください。

阿部　常に現場に立って教えて来たことが塾をここまで続けてこられた原動力だと思います。ただ、最近体力がなくなったなと実感するようになりました。夜遅くなると、眠くなりましたからね（笑）。

◎コメント

菊池《きくち》崇《たかし》
関係　学友館・職員

とにかくどんなことに対しても全力で行動する人です。学習指導面に関しては大事なところを印象深く覚えられるように工夫したり、塾のイベントでは楽しく思い出に残るように考えたり、常に受講生がどうすれば喜ぶか、結果を出せるかを各々の目線に立って考えています。そのため、現役の受講生はもちろん、多くの卒業生からも慕われております。

共律塾

塾長

佐藤《さとう》 佑持《ゆうじ》 さん

〒060－0007
札幌市中央区北7条西14丁目28－23　B－105

――佐藤先生が社員10万人の大企業を辞めて塾を開いたのはどうしてでしょうか。

佐藤　札幌から東京本社への転勤が決まったからです。地元札幌に残って、人材開発の仕事をしたかったのです。開塾した時は35歳。塾の経験は全くありませんでした。

――どのような塾を目指していたのですか。

佐藤　塾名は「明日葉会《あしたば》」という集団指導の塾にしました。明日葉は、今日その葉を摘んでも、明日にはまた新しい葉が生え出てくるといわれるほど生命力の強い植物です。教室の外壁も緑色にしましたので、よく健康食品の会社と間違われました（笑）。

3年目で、「共律塾」に変えました。互いに自律して、考え、行動する人間の場という意味です。そういう人間の集まる塾を目指しました。

また、そのころから「教えない塾」ということを明確に言い出しました。私が会社員時代、仕事内容を指示すると完璧にできるが、指示しないと何もできないという社員が多くおりました。これではまずい。自分で考えて行動できる大人を作るためには、子どものうちからその素地を作らねばならないと感じていました。勉強して成績を上げるだけなら、どこの塾でもやっている。大人になっても常に成長する人間を育てる、そういう塾にしたかった。

人材開発という発想の中では、勉強するという行為はその一側面に過ぎません。勉強するとしても、なぜ勉強しなければならないのかを考えてもらう。勉強が今、自分に必要だと思ったら黙っていても勉強する。点数は後からついてくる。勝手に成績が上がっていく。こちらから指示する必要はない。今、勉強をした方が良いと考えるきっかけを与えることが大事なわけです。勉強の中身をこと細かく教えることはない。だから「教えない塾」を公言しました。

――何となく分かりますが、実際にそんなことができますか。

佐藤　最初のころは、「あそこに行っても何も教えてくれない、行く意味がない」という話が保護者の間であったようです。ところがこのやり方で成績が急伸しました。卒塾生が同志社大、中央大、北大、教育大などに合格する結果となり、私はこのやり方は間違いないと確信しました。

塾生達と

究極的には、塾がなくても自律して勉強できる子を育てたいと思っています。うちの塾は小・中・高の生徒がほぼ均等におります。が、「教えないやり方」を身に付けた子は高校に行ってから が伸びます。自分で勉強できるからです。人生、いつまでも指示待ち人間でいることはできません。塾生には「ここは塾ではない」とよく言っています。塾という方が分かりやすいのでそう言っていますが、やっていることは普通の塾とは違います。

――講師の先生方は何をしているのですか。

佐藤　塾生は塾に来ると自分で勉強を始めます。分からないことがあれば先生に質問します。イメージとしては先生付きの自習室みたいな感じです。

講師の先生は6人います。先生は黙って見ているか、大学の自分の勉強をしています。大っぴらに勉強していいと私から言っています。

うちは講師を募集したことはありません。6人中3人が元塾生です。一見楽なように見えますが、このやり方に合わなかったら、手持ち無沙汰でつらいと思います。今までいた講師はすべて一部上場企業に就職が決まりました。生徒を成長させるのはもちろん、同時に講師も成長させるというのがうちの特徴です。

――もう少し、生徒にどう対応しているのか教えてください。

佐藤　生徒から質問があったら、すぐに答えを教えるのではなく、それはここに載っているから自分で調べなさいと言います。分からなければ、やり方を教えます。問題に対する答えを教えるわけではありません。

そうすると生徒は自分で勉強するようになり、成績は勝手に上がっていきます。自分で「調べる、やってみる、工夫する」と、色々なことに気づきます。これが勉強です。

また私は生徒の話を聞きながら相手の気持ちを肯定的に受け止めるように心掛けています。塾が生徒を肯定的にとらえることにより、それまでネガティブだった子が変わります。あれもしたい、これもしたいと将来の自分を描き出します。

他塾との大きな違いは、共律塾は子どもが自分の人生観を見つける塾だということでしょう。

生徒を募集するチラシはほとんど出しません。出さなくても生徒は来ます。この辺では「教えない塾」として認知されていますから。

――先生は「メンタルケア・スペシャリスト」の資格を持っていますが、どういう内容ですか。

佐藤　人の心に寄り添い、温かい対話を通して相手の心を軽くするという仕事です。子どもの話を聞くという点で重要な手法です。

――子どもと単におしゃべりしているのではなく、仕事として対話をしているわけですね。先生

はさらに「がん哲学外来」のコーディネーターの講座にも参加していますが、どういう講座ですか。

佐藤　私は2011年の秋に悪性黒色腫と診断され手術を受けました。皮膚がんの一種です。

私は、がんの告知をされた時からそのことが全然苦になりませんでした。医者にも「どうして普通でいられるのか」と驚かれました。がんを宣告され落ち込む人が多い中で、正直私はがんで良かったと思いました。数年前なら足を切断するしかなかった病気です。今は足を切らなくて済んだ。それが良かった。それと同時に、すぐに死ぬのではなく、これからやりたいことをやって死ねるのだから良かったと思ったのです。

実は私と同じことを言っていた人がいました。順天堂大学教授の樋野興夫《ひのおきお》さんです。私は前からその人の本を読んでいました。私自身ががんになってから、樋野先生が理事長をしている「がん哲学外来」を知り、2年前からその講座を受講しています。

がんにかかった人とその家族は死を意識し、このあとどうすべきか真剣に考えます。ところが医療現場は、患者に病状を説明し治療をすることだけで精いっぱいの状態です。患者と医療現場の間にあるこの「隙間」を埋めるために「がん哲学外来」が生まれました。がんを科学的に学び、がんに哲学的な考え方を取り入れていこうということです。それを担う人材を育成する講座を受講しているわけです。

人生には自分で何とかできることと、何ともできないことがあります。がんという病気は自分では何ともできません。何ともできないことは相手に任すしかありません。私の場合は最終的にはお医者さんに任すしかありません。しかし自分でできること、そのことは自分で何とかしようというのが、自律です。私自身が病気から学んだことを通して、自律とは何かを塾生に教えています。

――今までで一番困ったことは何でしょう。

佐藤　困ったことはありません。困っている状況も含めて、楽しい。何か困ったとしても、それをどう解決できるかを考えていることが楽しいのです。

――先生は相当の読書家と聞いていますが、本はどのくらい読みますか。

佐藤　本を読むのは子どものころから好きでした。私が本ばかり読んでいるのを見て母は、「本がいくら貯まっても漬物石にもならない」と嘆いていたものです。今では8畳間全部、床から天井まで本だらけです。年間500冊は読みます。金額にして毎年40万円くらい買っています。

――塾生に望むことは何ですか。

佐藤　以前勤めていた会社の上司から、「自分が常に当事者なのだよ」と言われました。社内で何かうまくいかないことがあると皆すぐ他人のせいにするけれども、自分がまず当事者として解決策を提案すればいいということです。社内のことは他人事では済まされない。一人ひとりが当事者です。「10万人の社員の中で、自分一人が何か言っても何も変わらない」と思っている社員がほとんどです。しかし自分一人が変わることで全体が変わることがあります。

自律を体得した塾生には、自分が常に世界の当事者であるという意識を持って、自分で考え、自分で行動して、世界を変える原動力となってほしいと思っています。

◉コメント

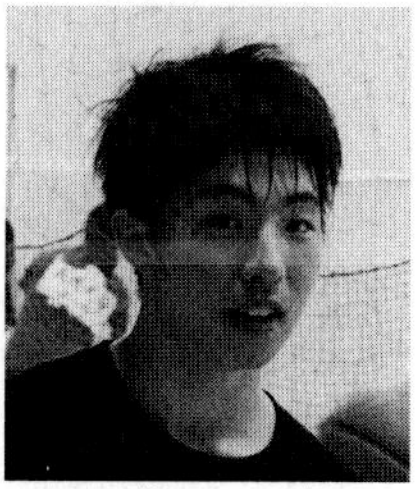

宇《う》津《つ》野《の》裕《ゆう》亮《すけ》
札幌南高校3年
関係　塾生

佐藤先生は、コーヒーが大好きな方です。私達塾生が質問をしに行くと、たいてい手にはマグカップが握られています。また、旅が大好きで、何カ月かに1回は必ずどこかへいなくなります。でも、本人いわく、コーヒーは香りで塾生の集中力を上げるため、旅は塾生の合格祈願の神社巡りなのだそうです。本当かどうかは未だに分かりませんが…。

6

数少ない女性塾長さん

北海道には
女性塾長が
少ない。
だから
ひときわ輝く。

明光義塾真駒内教室

元教室長

鷹橋《たかはし》 麻奈《まな》 さん

●

〒005－0012
札幌市南区真駒内上町3丁目1－10

――先生の子ども時代のことを教えてください。

鷹橋　高校までは大人しくて、いるかいないか分からないような子でした。とにかく人と話すのが苦手。知らない人とは全く話せなかった。

――それが今のバリバリの鷹橋さんに変わったのはいつごろからですか。

鷹橋　大学に入り、アルバイトをするようになってからですね。居酒屋のバイトで大声出して挨拶し、どんどんお客様と話すようになった。そこから変わりました。幼友達は今の私を見たら別人だと思うでしょうね（笑）。

――大学進学はどのように決めたのですか。

鷹橋　絶対、大学に行きたかった。塾にも行っていなかったけれど、どうしても大学に行きたくて。進学先は、高校受験の時もそうだったけれど、大学受験も全部自分で調べました。できれば東京の大学へ行きたかったのですが、経済的に無理でした。国立なら学費が安いと思い、家から近い小樽の国立大学を受験し、合格しました。その時、「強く願ったことは必ず実現する」と思いましたね。

学費と生活費のほとんどはバイトして自分で賄いました。卒業間際までバイトと単位に追われ（笑）、就活を始めたのが4年生の2月でした。

――そして明光義塾に入ったわけですね。

鷹橋　大学の掲示板に塾の「受付スタッフ」と出ていたので、カウンターに座って、お客に応対する簡単な仕事だと思った（笑）。入社すると、カウンターはなく（笑）、教室に正社員は私１人だった。東京での研修を終えると1教室のすべてを任されたので、とにかく目の前にある業務を必死でこなしました。そして2年目、立っていられなくなりついに倒れました。体が動かなくなったのです。

――オーナーは何と言いましたか。

鷹橋　色々病院を紹介してくれて、「とにかく休め」と。休業扱いにし、給料は出してくれました。3カ月間休んだが思わしくなく、退職することにしました。

オーナーが送別会をしてくれることになりました。送別会の日に北広島の教室の「冬期カウンセリング」を一件だけ手伝ってくれと言われ、ある女の子と面談し、受験までの学習計画を立てるカウンセリングをしました。面談し、話し込むにつれ、その子はとてもやる気になりました。その子の変わりようが私に何かを与えてくれました。その場で私は辞めるのを止めました。

——送別会の日に辞職を撤回したということですか。

鷹橋　そうなりますね（笑）。その後10年間勤め（笑）、道内6教室の統括マネージャーをやるようになります。

——そして今、今度は本当に退職して東京へ行くのはなぜでしょうか。

鷹橋　私の仕事は、教室長、あるいはマネージャーとして生徒と面談し、生徒に「将来どういう自分でいたいのか」という将来像を描いてもらい、なりたい自分の理想像から逆算して、では今何をしなければならないかを一緒に考えていくことです。生徒と繰り返し面談する中で、ある時、逆に「では私自身はどうなのか」と問うようになったのです。

所用で東京に行ったある日、「このまま東京にいたい」と思う瞬間がありました。恐らく中学時代からあった東京への憧れだったのかもしれません。その時、北海道に帰りたくないと強く思いました。生徒には「将来後悔しないように」と言ってきた自分が、今自分の将来像を追わなかったらきっと後悔すると思ったのです。一回切りの人生、やらないで後悔するより挑戦したいと思いました。

——東京での仕事の当てはあるのですか。

鷹橋　何もありません。自分がこうなりたいと強く願ったことは必ず実現すると考えるだけです。

今年（２０１４年）１月に、東京で働きたいと決意し、退職を前提に仕事の引き継ぎをして来ました。オーナーは私の勝手な行動に反対することなく心配しながら見てくれています。オーナーには感謝しています。

真駒内教室には半年かけて育て上げた杉山理花がすでに教室長として立派に動いていますので心配していません。

――東京で頑張ってください。

鷹橋　ありがとうございます。

現在の教室長・杉山理花さん

◉コメント

大倉《おおくら》明《あきら》
明光義塾北広島美沢教室・オーナー
関係　明光義塾在勤時の上司

鷹橋さんは、まじめすぎるくらい、まじめで、仕事に手を抜くことを知らない人でした。生徒のために、特別授業をしたり、社内の総務や経理の仕事にも全力でした。マネージャーとして、皆が力を発揮するよう指導にあたり、スタッフ、後輩達から、尊敬されていました。どのような業界でも、パフォーマンスの高い仕事をすること、間違いなしです。

学習塾ペガサス　札幌栄町教室
ステップワールド英語スクール札幌栄町教室

統括マネージャー＆教室長

江渡《えと》 裕子《ゆうこ》 さん

●

〒007－0836
札幌市東区北36条東16丁目1－15　ベルヴィ新道2F

——江渡先生は根っからの札幌っ子で、大手英語スクールの教務課のヘッドとして長年活躍されていたのですね。

江渡　そのスクールには、全道で生徒が約100人、講師の先生は日本人が約80人、外国人が約10人おりました。全国展開しているスクールで、私は教務課のトップを10数年やり、自分の一生を賭ける仕事として働いていました。

が、ある日、突然「会社は明日からありません」と強制終了を通告されました。札幌はとてもよく運営されていたのですが、東京支社が計画倒産したようで、TV、新聞にも大きく取り上げられました。

あまりにも唐突で、本当に驚きました。しかし働かなければなりません。求職活動をし、ホテルの支配人という全くの異業種に就きましたが、「私が頑張るべきフィールドはここではない」と、すぐに教育業界にカムバックしました。

プロ家庭教師、英会話教室開校の権利の取得、某大手塾の教室長を経て、現在の教室長に就いたのが2008年です。同時に英会話スクールもスタートさせることとなりました。

——私は色々な塾を見てきましたが、塾は基本的に夜の仕事ですので、塾長としては昼間の空き時間に何かほかの用途を考えるわけです。よく試みるのがパソコン教室とか、英会話教室とかです。これを昼間に開設し、夜は学習塾として昼夜休みなく回転させたいと考えます。しかし私の見たところ、うまく機能している塾はまずありません。そんな中で先生の塾はうまくいっています。ポイントは何でしょうか。

江渡　最初は手探りでした。同じ教室内で塾と英語教室を開講するのですが、どうやったら良いか試行錯誤の連続でした。なにせ、講師は私一人ですから。当初は、早い時間帯に英語をやり、夕方から塾と考えていましたが、英語の生徒もそんなに早くから来られないことが分かりました。それで、曜日によって塾と英語を分けました。

しかし生徒が増えてきて両方が重なるようになりました。塾の生徒の横で、仕切りを挟んで子ども達が英会話を勉強します。英語の子ども達には、塾の生徒の邪魔にならないよう、小さな声で話すようにと指導します。口の前に指を立て、「シー」と言って英会話の勉強をしているわけです。これは、おかしいですよね（笑）。

現在は、塾と英会話を別々の部屋でやることができるようになり、それぞれの良さを引き出しています。

さらに英語と塾の両方に通ってくださる生徒もたくさんいます。ダブルで通うと10％オフにしました。相乗効果がうまい具合に出ています。今やっている英会話スクールは、幼児から高校までの一貫教育を目指しています。ですから英会話スクールで学校の英語の成績を上げ、受験対策までできるのです。

――塾としてのこれからの夢を教えてください。

江渡　今のこのシステムを札幌市内にもっと広め、「塾と英会話」が一体となったスクールを多くの地に作って、地域を活気づけたいと思います。

私は子どもが大好きです。子ども達との触れ合いの中で、日々パワーをもらっています。また、私自身もパワーを与えています。この仕事は私の天職だと感じています。

――先生はハードロックの「Fly・High」というバンドで、ヴォーカルをやっていますよね。元気ですね（笑）。

江渡　4人グループで週1回、夜に練習しています。ライヴは年に4回ほどやります。塾の生徒も母親と一緒にライヴに来てくれ、「元気がもらえる」と言われます。自分が輝いていると周りの皆さんにも元気を与えられるので、いつも元気に輝いていたいです（笑）。

LIVE風景

◎コメント

今井《いまい》智美《さとみ》

関係　ステップワールド英語スクール札幌栄町教室・講師

江渡教室長は、業務はもちろん、ご家庭、趣味のバンド活動やスノーボードなどすべてにおいて全力で挑戦する、言わば美魔女です。上司としてご指導いただいているだけではなく、一人の女性として、または一人の人生の先輩としていろんな相談にのってもらえる、尊敬できる方です。そのため生徒や保護者からも大変信頼されています。

赤間親学《しんがく》ゼミ

塾長

赤間《あかま》 優子《ゆうこ》さん

●

〒004－0014
札幌市厚別区もみじ台北2丁目2－1

――「赤間親学ゼミ」は1988年（昭和63年）に開塾しますが、開塾の動機を教えてください。

赤間　私の父、岡田武保《たけやす》の死がきっかけです。

父は3歳で親を亡くし丁稚奉公しながら中学へ通いました。樺太の豊原《とよはら》中学を卒業した後、出征しニューギニアへ行きます。4人に3人が亡くなる激戦地で辛うじて生き延び、北海道に帰って来ました。父をよく知っている親類は、「たけちゃんの苦労は幼少のころから、並大抵ではない」と言っていましたが、私は父自身の口からその苦労話を聞いたことはありません。

父は札幌市議会議員を6期24年勤め、副議長を2期8年やりました。私は父の人間性を今でも尊敬しています。無欲の人だったと思います。市議会議員になったのも、組合活動の中で、選挙に立候補するはずだった人の代わりに急遽出ることになって、たまたま当選してしまったという感じです。晩年は衆議院議員へ転身する話もあったのですが、断っていました。

父の言葉として記憶にあるのは、「誰でもが、自分の思った通りの答えを返してくるとは限らない」とか、「右と思っても、左へ行かなければならない時があるものだよ」という言葉です。私と母が対立した時には、「優子、頭を使いなさい。知恵を使って、どうしたらお母さんを説得できるか考えてごらん」と言ってくれました。押しつけではなく、自分の道は自分で切り拓くようにアドバイスしてくれました。

私が生徒会活動などをし、父に「将来はお父さんの後を継いで政治家になろうかな」と言った時には、「止めとけ。この世界は黒を白と言わなければならないことも多い世界だ。優子には無理だな」と言われました。

父としても人間としても尊敬していたので、その死は心の痛手でした。父の死を埋め合わせるため全身でぶつかる何かがほしかった。私の場合、それが塾だったのです。

——お母上はどんな方でしたか。

赤間　母はハナといい、樺太の真岡《まおか》出身です。母は私が一人っ子ゆえに甘やかされて育てられたと、他人から後ろ指を指されることのないように、私を大変厳しく育てました。例えば、学校の試験で満点をとらなければ叱られるのです。私の中学校の成績は9科目ほとんど満点で、わずか3点しか間違わないような状態でした。そんな母への反動からか、私は自分の子に対しては本人の希望を尊重するように育てて来ました。ただ、私が今こうして教育の仕事についていられるのも、母の厳しい躾のお陰と感謝しております。

「親身な親学ゼミ」の看板

——ご主人はたくさんの本を書かれておりますね。

赤間　『北海道の不思議事典』(新人物往来社)や『北海道謎解き散歩』(同)、『明星の時代』(北海道新聞社)など数多く出版されています。もともとは歌人与謝野晶子の研究者です。夫の母も歌人で、赤間テイといいます。

——テイさんの歌集『風の遊び』を読みましたよ。「さりげなく言葉をのみてよる窓辺地吹雪たちてゆれやまぬ木々」など北海道らしい歌で、私は好きですね。

赤間　義母は厳格な祖母に仕えていましたので、歌の背景にそういうものがあるのかもしれません。

——ご主人との出会いは何だったのでしょう。

赤間　私が大学生の時、札幌オリンピック冬季大会があり、時事通信社に雇用されて通訳の仕事をしていました。卒業後そのまま時事通信社へ就職するよう誘われましたが、既に内定が決まっていた札幌市役所に就職しました。そこに夫がいて、私が夫の妹と同年齢だったことから、妹のようにかわいがってもらいました。そのうち、当時世界的に有名だった哲学者のサルトルとボーヴォワールの研究を一緒にしようということになり、付き合いが始まりました。

　退職した今は、時々塾でも教えています。やさしい教え方なので生徒に人気があり、今後は正式に授業を担当してもらおうかと思っています。

——サルトルとボーヴォワールから結婚へ、ですか。すごいですね。ところで、先生のお子さんが学校で苛められた経験があるそうですね。

赤間　私には３人の子がいます。通った中学校はそれぞれ違います。子育て時期のころ、当時の文部省は学習塾を敵視するような方針をとっていたので、中学校長から「塾野郎」と言われたこともあります。

　子どもが学校で先生の所に質問に行くと、「私よりお母さんに聞いたらいいでしょう」と断られたり、塾のチラシを校内に何枚も貼られたり、色々嫌がらせをされたようです。私自身も、ＰＴＡ役員として学校の先生方と話をする機会が多かったのですが、ある席上で先生達から「塾の先生とは思えない見識の深さ」と言われました。その時、私は「ああ、これだな」と思いました。学校の先生達は塾の教師をかなり劣ったものと見下しているのが良く分かりました。

——先生は書道が得意で、道展、毎日書道展、創玄展などで何度も入選しています。

赤間　今年（２０１４年）は出品した作品すべて入選することができました。書は小学校２年の時から始めました。今は上の娘も書を書いています。

　私達は、日本書道界の第一人者、中野北溟《ほくめい》先生（１９２３年生まれ、札幌在住）に師事し、「近代詩文書」と「漢字」を書いています。中野先生は東京に来てほしいという金子鷗亭《おうてい》先生（近代詩文書の提唱者、１９９０年文化勲章受章、２００１

年他界）からの要請を断り続け、故郷北海道に残ってくださいました。中野先生が北海道にいらっしゃるということが私には奇跡のように思われ、学べるものをできるだけ多く吸収したいと貪欲に取り組んでいます。

右から、①創玄展1科入選、②道展入選、③毎日展入選の各作品

中野先生は芸術家として優れているだけでなく、教師としても大変すばらしい方で、私は先生から多くの事を学びました。

人を教える方法は、書の世界も塾の世界も共通しています。書のない自分は考えられません。書道と塾の二本立てというのが今の私のスタイルです。書で中野先生から学んだことを、塾で私の生徒達に還元したいと考えています。

中野先生の名は今、世界中に広がっています。もっともっと広めていきたいというのが私と娘の夢です。中野先生は私のことを娘のように大事にしてくださり、娘を孫のようにかわいがってくださいます。先生の携帯の待ち受け画面は娘の写真なのですよ（笑）。

――塾をやりながら書も書くのは大変でしょう。いつ書くのですか。

赤間　塾が終わった後の夜11時から夜中2時くらいの間です。書く態勢に入った瞬間は、「わあ、私の時間だ」と感じます。書いている最中は、「至福の時」です。創造する喜びで一杯ですね。

――先生は「現役予備校TANJI」の塾生だったのですね。

赤間　そうです。初代の塾長・丹治喜博《よしひろ》先生とご長男の順《じゅん》先生に教えていただきました。今の代表・典久《のりひさ》先生はまだ高校生でした。順先生は今では日本の脳科学研究の第一人者として、玉川大学や東北大学で脳科学研究のトップに立っておいでですが、当時は北大医学部の学生でした。順先生には私が中3の時、「飛び級」で特別に高1の内容と、ジョージ根市仕込みの英会話を教えてもらいました。

逆に中学校では、私がみんなに教えていました。試験前に同級生から「優ちゃん、ここ教えて」と頼まれ、クラスの入り口に行列ができたこともあります。私は小さいころから人に教えることが好きだったようです。

――今後はどのような塾経営を考えていますか。

赤間　私は出逢う人に恵まれてきました。中野先生や丹治先生をはじめ皆、素晴らしい人格者ばかりです。それらの方々の影響もあり、私は分かることの楽しさを伝え、未来ある子ども達に学ぶことの豊かさを知ってほしいと思っています。できるだけ良い授業を家庭の負担を少なく提供したい。頂いたお金の2倍、3倍分の知識や知恵にして返してあげたい。そう思っています。

ありがたいことに塾は、きちんと授業をしてさえいれば、今後どうなるのかという心配はあまりしなくて済みます。事業として拡げれば拡げるほどリスクは大きくなりますが、無欲だと負債を背負うこともありません。生徒にとっても、私にとってもそれが一番良い関係だと思います。

私は塾生によく、平和だから勉強していられる、戦争していたら勉強などしていられないのだよと言います。それと、勉強して成績が上がるということは人間の能力のほんの一部に過ぎないのだよ、それができないからといって人を馬鹿にしたり、苛めたりしては絶対に駄目だよと、言っています。

その話をする時には昔塾にいたM君という塾生の例を出します。彼は当時バレエをやっており、あまり勉強は好きな方ではなかったし、英語も得意な科目ではありませんでした。けれども「バレエ留学という道もあるから勉強した方が良いよ」と教えていたら、その通りにその後3年間ヨーロッパに留学することとなり、今では熊川哲也のKバレエカンパニーに所属し、バレエダンサーとして世界的に活躍しています。自分勝手に限界を決めないで、将来の自分づくりのために色々なことを吸収してほしいものですね。

私の塾は塾生から「第2の我が家」と良く呼ばれます。塾生は間違って私に「お母さん」と話しかけることがあります。保護者は「こんな温かい家庭的な塾は初めてです」と言います。そこに赤間親学ゼミらしさがあるのかもしれません。赤間親学ゼミの名は、「進学」ではなく、学問に親しむ、親のような優しい気持ちで親切に生徒に接していたいという思いと、京都大学の京大親学会に由来して親学にしました。

教師は私と娘、それに15年以上働いている講師の先生達です。講師が長続きしている理由は、私があまり枠をはめず、彼らが自分で考え、自分で自由に授業できるからなのでしょう。

――先生は塾生から「優子りん」と呼ばれているそうですね。

赤間　そうなんです。

――ピッタリですね。地上のしがらみから脱却した無垢な感じがあります。決して裏切らない「お母さん」でもある。

赤間　そうですか。当塾は教育相談ばかりではなく、一般の相談も受けているので、塾生の両親からの面談希望が多いのですよ。とにかく話を聞いてほしいと。私には何でも話せるとのことで、話した後は、皆笑顔で帰っていきます。

——将来の夢は何でしょう。

赤間　書には終わりがない、果てがない、答えがない世界で、日々新しく創造していく世界だと思います。人間も同じで、日々自分を作っていく旅だと思うのです。

　中学校では勉強ができないと相手にされないかもしれませんが、塾では平等です。まず自分は駄目だという気持ちを取り除くこと。そうすると子どもは大化けするのです。「うちの子がこんなに勉強する姿を初めて見た」と親達は言います。子どもは変わるのですよ。

　塾は成績を上げる場であると同時に、人間を変える場でもあります。「あの塾へ行くと人間も良くなる」——そう言われる塾でありたいですね。

◎コメント

堀《ほり》口《ぐち》裕《ひろ》行《ゆき》

進学塾シード（小樽）・会長

関係　北海道私塾連合会（北私連）での先輩

「心豊かで心根の優しい才女」。尊敬する赤間さんに抱いている私の偽らざる表現です。塾の原点である、塾生に対する熱い想いを今も持ち続けている彼女の存在は地域の学力向上にかなり貢献されていると思います。その一方、書道に取り組まれている姿勢に彼女の豊かな感性と才能を感じています。最早その実力は全国レベルですが、更なる飛躍を感じます。

7

ご夫婦で塾長さん

言わずとも
分かる。
仕事は分担、
苦楽は共に。

学習塾　STEP UP

代表

矢木沢《やぎさわ》 徳弘《のりひろ》 さん

●

〒006－0851
札幌市手稲区星置1条4丁目7－18

個別指導　プラスワン

室長

矢木沢《やぎさわ》 由美子《ゆみこ》 さん

●

〒006－0852
札幌市手稲区星置2条3丁目7－11

――由美子先生は留学もしているのですね。

由美子　語学留学でアメリカのユタ州に行き、大学の寮に入ったり、アパートを借りたりしていました。留学生仲間とグランド・キャニオン、イエローストーン、ミズリー州へも行きました。今にして思うと若い娘がよく一人で知らない土地に飛び込んで行ったものだと思いますが、楽しい思い出ばかりです。

――英語に興味を持ったきっかけは何でしょう。

由美子　中学1年の時に出会った英語の先生の影響です。英語を話せるようになりたいと思い、教科書を毎日暗記していました。声に出して読むうちに自然と暗唱できるようになり、ある日、先生から「ここを暗唱できる人いるか」と言われ、うまく暗唱できた時、自信と楽しさで胸いっぱいになりました。

――帰国して何をしたのですか。

由美子　大手出版社の英語教師の試験を受け、英語スクールの講師として採用されました。幼稚園から小学生までの子を1クラス15名単位で教え、子ども達とサマーキャンプにも行きました。先生約10人で生徒100人くらいを連れて行くのですが、夜中にトイレに一緒について行ったり、家を思い出して泣き出す子をあやしたりと大変でした。

――そこで徳弘先生に出会うわけですね。

徳弘　そうです。私も初めは講師でしたが、後に社員となり、講師の採用・研修・運営管理の仕事をし、17年間勤務したのち早期退職をしました。

――そして2004年に「矢木沢進学教室」を開塾します。

徳弘　春に看板を立ち上げました。するとほかの塾が3軒同時にオープンしました。これには驚きました。もともとこの辺は塾が多く、大手塾はほぼ出揃っていた所へうちも含め4店舗が一気に増えたことになります。

その後も塾の出入りが続き、毎年1つ抜けては

1つ増えるという状態を繰り返しています。そんな中で何とかうちは10年以上続いております。

――大手塾の撤退する中で先生の塾が元気に続いているコツは何でしょう。

由美子　地元の人のお陰です。口コミが一番大きな支えですから。ただ自分でもよく頑張ったなと思います。塾を必要以上に大きくしようとは考えません。来てくれる子の目標に向けて誠心誠意応援し指導していく。それを毎年地道に続けているだけです。

徳弘　うちは個人塾ですから少人数で小まめにやります。勉強が苦手な子でもしっかり面倒を見ますよと言う。それだけです。

お孫さんの優仁くんと

――2009年に「学習塾　STEP UP」と改称し、同時に「個別指導プラスワン」を開設します。これで集団と個別と2教室展開となりました。

徳弘　集団を私がやり、個別は妻が見ています。分けることで塾としての特色を出しました。

集団だけで全員を目的地まで引っ張り上げることは大変です。個別でないと伸びない子が出て来る。本当に分からない子は個別が良いでしょう。受け皿として個別があるというのは保護者にとっても安心です。

――「学習塾　STEP UP」は集団といっても10人前後の小集団ですよね。しかもそこに電子黒板がある。

徳弘　そうです。少人数です。教室自体が狭いですから。その狭い教室に2014年、電子黒板を導入しました。すごく便利です。書く手間と時間が省け、効率よく指導できます。教科書も映せますし、生徒に与えるインパクトも強いので学習したことが記憶として定着しやすいのです。

それとホームページを開設しました。ＨＰからの問い合わせも多く驚いています。

もう一つ、机が大きいでしょう。学校の机の２倍はあります。「手稲で一番大きい机」と自負しています。机上に教材を並べて勉強するのに便利だと生徒達には好評です。うちの場合、５年ごとに見直しをし、大きく変えています。

――今後の展開は。

徳弘　まだまだ変革の途上です。教え方、宿題の出し方、年間２４０回の小テストのやり方など、やるべきことがたくさんあります。

――お二人ともアウトドアがお好きなのですね。

徳弘　野鳥や自然観察が好きで、二人で年に数回観察に行きます。

由美子　公園や山に行き、良い空気を吸っているだけで気持ちが和らぎ、自分が「無」になる感じさえします。いいですよ。

◎コメント

竹《たけ》森《もり》一《いっ》樹《き》
日本ハム㈱勤務
関係　元塾生

家も近所で弟は由美子先生、私は徳弘先生に習いました。大学４年間はアシスタントとしてお二人のお手伝い、「親身で厳しく、生徒の気持ちになって指導すること」を学びました。お二人は仕事も趣味も同じで正にオシドリ。自然と野鳥の観察・旅行のことになると目が輝きます。でも最近は昨年誕生したお孫さんに夢中。一生、現役でがんばってください。

ユニバーサルCAIスクール

塾長

板東 信道《のぶみち》さん

リーダー

板東 幸江《さちえ》さん

●

〒062－0932
札幌市豊平区平岸2条12丁目4－14－101

――板東先生は大学が京都ですね。私も京都で働いていました。先生の大学4年間は私が京都でタクシーの運転手をしていた時期と重なります。

板東信道　そうですか。私は学生時代に仲間と遊んでいて、四条大橋の下の鴨川を歩いて往復したことがあります。びしょ濡れになりましてね。タクシーに乗ろうとしたら全部断られました。あるタクシー会社の運転手さんだけが「いいよ」と言ってくれて、何とか右京区太秦のアパートまで送ってもらいました。いい思い出です。まさか田村さんではないですよね。

――そういうお客は絶対乗せません（笑）。シートが濡れて、その後仕事ができませんから。

信道　そうですか、京都ですか。餃子の王将や、天下一品のラーメンとか、あのころの貧乏学生は皆本当にお世話になりました。

――大学卒業後はどんな仕事をしていましたか。

信道　京都から札幌に帰って来て、旅行関係の会社に就職しました。妻ともそこで知り合いました。

――奥さんはどんな印象でしたか。

信道　真面目そうで、清潔感がありました。

――幸江さんから見てどうでしたか。

幸江　目が輝いていた（笑）。眼鏡の奥から（笑）。

――先生が開塾したのは2010年になります。開塾した動機は何でしょう。

信道　旅行会社の倒産です。ある日、新聞の朝刊1面に大きく出ました。突然で驚きました。2009年3月のことです。

幸江　私は結婚と同時に仕事を辞め家庭に入っていました。主人も倒産後は家にいて、それまで母子家庭同然だったのが、ようやく家族みんなで揃って食事をするようになりました。

信道　私は食事をしながら次は何の仕事をしようかと52歳で悩んでいたわけです。

幸江　たまたま息子が塾の講師をしていたので、家族が一緒になった時は自然と教育関係の話題になりました。塾もいいねと。自宅のある江別を中心に物件を探しました。苫小牧、滝川、長沼と探しました。半年探しましたがどこも納得がいきません。そこへ私の母から、母がやっていた喫茶店が閉店した後、そのまま空いていると知らせを受けて、それは好都合だと札幌の平岸に開塾したわけです。

――開塾してみてどうでしたか。

信道　前の旅行関係の仕事で専門学校の講師をやったことがあり、人前で話したり、板書しながら教えたりするのは楽しいと感じていましたが大人と違い、子どもは難しかったですね。

幸江　「わが子のようにはいかない」というのが第一印象でした。

信道　生徒は常に成長しています。こちらが毎日完璧に予習して行っても何が起きるか分からない。夜遅くまで仕事をし、疲れ切って23時ころになってようやく家路に着くのが当たり前の毎日でした。

幸江　最初の2年くらい、塾のカラーがなかなか出せませんでした。

信道　授業の流れが作れない。精神的に余裕がないからひたすら熱くなる。そのような毎日でした。

幸江　経営に余裕がないからどんな子でも受け入れることになります。そうすると運用の幅が広がり過ぎて振り回されます。

信道　今では経営が安定し、塾のカラーが打ち出せるようになりました。それに合った子が入って来る。

幸江　怒らなくなったね。怒る時とかわいがる時の手綱加減が分かってきた。

信道　2年目には、教育に関する本を200冊くらい読みました。私立高校の説明会もできるだけ参加しました。その学校の校長先生の考え方や担当者の言い方も参考にしました。これは使えるトークだなと。

――それは主催者の意図とずれていると思いますが（笑）。

信道　やはり実際に学校へ行って、この目で見ないことには塾生には勧められませんから。

――自塾の特徴を教えてください。

信道　自分流のやり方に自信がついたので、それまでのフランチャイズを止め、独立しました。週に何回塾に来てもいいという「学び放題」をしています。

教室風景

　また、生徒には「げんこつ教室」と言っていますが、しつけには厳しい。挨拶、靴の脱ぎ方、学習態度まで、生き方を教えます。いい加減な学習態度は人生もいい加減なものにします。真剣な学習態度と真剣な人生は直結しますので、その点は厳しいですね。

――お二人は全く違う業種から塾業界に参入したわけですが、今の感想を聞かせてください。

幸江　子どもの成長過程を見るのが楽しいですね。ほかの業種にはない喜びです。これからも子どもの人生に関わっていける塾でありたいと思います。

信道　こんな人生を送るとは思ってもいなかった。10年前には想像もできなかった。53歳で起業できるなんて幸せなことです。

　楽しさでは昔の職場の比ではない。昔は愚痴ばかり言っていたが、今は自分でやるしかないから愚痴を言っても仕方がない（笑）。

――今の時代の子ども達に望むものは。

信道　欲を出してほしい。自分から攻めて行ってほしい。受け身ではなく自ら考え、動くようになってほしい。

幸江　色んなものに興味を持ってほしいし、「面倒くさい」などと言わないでほしい。

——先生がたはご夫婦でやられているのですが、その利点は何でしょう。

幸江　共通の話題が増えたことが一番です。昔は母子家庭でしたから（笑）。

信道　詳しく説明しなくてもスムーズに分かってもらえる点です。デメリットは、私個人の時間がない（笑）。

——私の感想なのですが、私の会った札幌市内の塾長さんで、最も良い笑顔を見せてくれるのが板東先生でした。

信道　笑顔は原価ゼロなのです（笑）。それで相手を元気にさせ、満足させる。資金の乏しい私にはこれしかないかな（笑）。

◉コメント

杉本修《すぎもとおさむ》
札幌学院大学経済学部・教授
関係　義兄

板東塾長、親族内での通称はノブちゃん。7人兄弟の末っ子で長男。そう、6人の姉がいる。盆、正月に一族が集う。姉の婿達は早速酒盛り。10人を越える姉の子ども達は家の中を走り回る。いつもそこに秩序を確立させるのがノブちゃんであった。中学生の時代から、もう塾長として天賦の才を発揮していた。塾長は正しく天職である、と思う。

パシフィック・セミナー

代表

北山 義晃《よしあき》さん

教室長

北山 麻愛《あさえ》さん

●

〒003－0025
札幌市白石区本郷通4丁目北8－15　くじらビル

――まずお二人の経歴を教えてください。

義晃　大阪生まれの東京育ち。大学から北海道です。２００３年（平成15年）に今のパシフィック・セミナーを開塾しました。

麻愛　函館生まれの札幌育ちです。父の仕事の関係で中1から東京に行きました。北海道弁だったからか、うまく友人が作れず無口になりました。東京で中高と過ごして、こんな暑い所はもういやだと思い、北大を受けました。

両親とも北大出身なので、私が北大に合格したと知ると父は大層喜び、「何でも好きなものを買ってやれ」と言っていました。そんな父を見たのは初めてでしたね。

――お二人の馴れ初めは。

麻愛　大学3年の時、先輩の紹介で会いました。20歳か21歳の時です。

義晃　その紹介者は私の後輩です。同じ高校出身の学生がいるよということで。私は29歳でした。

麻愛　えっ、そんなことないよ。30歳でしょ（笑）。

義晃　そっか。30歳だね（笑）。

麻愛　20代と30代では大違い（笑）。

――同じ高校だったのですか。

義晃　そうなんです。偶然二人とも都立国立高校でした。

――塾を始められてからの流れは。

義晃　ある会社の会議室を借りて開塾しましたが、広さは8坪でした。「北海道発の『つぼ八』のスタートと一緒で縁起がいいね」と笑っていたのを覚えています。生徒が10人入るといっぱいで、３年後に近所のスーパーの２階に引っ越しました。20坪くらいになり3教室取れました。しかし、そこも3年後に出なければならなくなり、近くに自社ビルを建てました。２００９年のことです。

――塾生に変化はありますか。

義晃　今は勉強を楽しむ子が多くなりました。生徒にとり塾が心地良い空間になっているなと感じます。

麻愛　北山はずっと「勉強は楽しいものだ」と生徒に言い続けてきていました。その「楽しさ」の意味を、塾生は最初のころ、勉強の中に遊びの要素の入ったものと捉えていたと思いますが、今の塾生は、勉強することは厳しいけれども、厳しさの中にこそ楽しさがあると分かるようになりました。丁度、スポーツ選手が練習の厳しさに耐えながら、強くなるためにもっと練習したいと考える感じですね。

教室風景

　塾では普通、目先のテストの点数を上げるために「これは覚えておけよ」と教えるかもしれない。でも、それは点取りゲームとしての面白さであり、勉強の本質的な面白さではないと思います。目先のことより、原理原則を教えた方が子どもは自分で考えるようになるし、応用も利くようになります。これからの時代に求められる力は応用力です。うちはずっと原理原則から教えてきました。

義晃　結果とか点数とかは、もちろん出していかないといけないのですが、ベースになる学力をきちんと付けてあげる必要があります。

　例えば、模試で平均以下だった子がうちに通い続けて北大に合格したり、公立中学で学年10番の子が東大医学部に入ったりするのは、単に目先の点数アップを狙うのではなく、勉強ってこういうものだよねというベースの部分がしっかりしていないと無理です。

――塾生から「先生、何で勉強しなければいけないの」と聞かれたら、どう答えますか。

義晃　その子がどういうシチュエーションで尋ねるかにもよります。テスト前にそう尋ねるなら、それは単に目前の試験から逃れたいからなので、「ともかくこの川を泳ぎ切って向こう岸についてからじっくり考えよう」と言うでしょう。

そうではなく、真剣に問うているなら次の3つから答えることにしています。1つは、勉強が面白いから。知的欲求は誰にも止められない。

2つ目は、ためになるから。子どものころ、医者だった叔父からレントゲン写真を見せられ、「どこに異常があるか答えてごらん。異常が分かれば患者さんの苦しみを取り除いてあげられるよ」と言われましたが、当然ですが全く分からなかった。勉強して分かるということは、何かのためになるということです。

3つ目は必要だから。医者の現場で数Ⅲの微積を使うことはないけれども、医者になるためには必要ですよね。この3つを伝えるようにします。

しかしこの3つだけでは正解の半分に過ぎません。最も大事なことは、勉強することで、人の役に立てる人間になるということです。家族、仲間、国、地球の役に立つように勉強するのだということでしょう。

麻愛　今の子は、自分の力でがんばってやり遂げたという成功体験が少ない。電話一本で親が迎えに来るし、お腹がすいたと言えば食べ物が出てくる。耐えることも頑張ることも必要ないので、子どもに達成感を経験してもらうには、勉強は最適なツールです。学ぶ力の少ない子は、高度で複雑化していく社会や地球では、今後、生活していくことすら難しくなると思います。

――「地球」ですか。

麻愛　北山の影響を受けていますから（笑）。

――義晃先生と話しているとよく「地球」という言葉が出てくるのですが、先生が地球物理学を専攻した動機は何でしょうか。

義晃　地球物理学が1番大きなスケールで物を考えられる学問だからです。それに地球を良くしたいと本気で考えているのです。将来は学校を作って、地球を良くしようと考える子ども達をたくさん育てたい。これが夢です。

――昔と今とで、子どもは変わってきましたか。

麻愛　変わってきました。社会全体を見ると、親の面倒を見ようとしない子どもが出てきた。私達からすると信じられない。

義晃　後輩が先輩に対して、「どうにかしろよ」とか、「先生、こいつ駄目なんだよ」などと言う。世の中の流れなのかな。

――塾内でのお二人の役割分担は。

義晃　私が方針を決め、麻愛がそれを形として具体化し、それを二人で詰めていくという感じでやっていますね。授業としては私が小学4年生以上で、麻愛が小学校低学年を教えている。

将来、基本的には私達が教えなくてもいいようにしたい。私達がいてもいなくても塾が運営されているけれども、肝心な時には生徒にズバッと入っていけるようにしたいと考えています。

――塾運営で困っていることは。

義晃　基本的にはありません。探し物が多くて困るくらいですか。

麻愛　すごいですよ。教室が狭かったので片付け先も少なくて、すぐ山になります。

――探し物って、生徒が何かを探しているのではなく、義晃先生ご自身のことですか。

麻愛　そうです。いつも探しているイメージが強いのです。

義晃　教室を増築してからは、随分改善されてきています。

麻愛　スーパーの2階で塾をやっていた時、掃除や片付けは私がしていました。教室の整理整頓からスーパー周辺の掃除まで。掃除している姿を、土地のオーナーが見ていて、「あなた方珍しいね。今時そこまで掃除するなんて。その土地に塾を建ててあげようか」ということで今の塾ビルが建ちました。だから掃除のお陰でビルを建ててもらった「わらしべ長者」なのです。（笑）

義晃　本当に運がいいし、ありがたいことです。

――先生方の生き方、ビジネス方針を聞きたいのですが。

義晃　流れに乗るということは意識していますね。例えば今の話。土地のオーナーの思いに乗る、逆らわないで話の流れに乗るということが結果としてうまく進んで行くことになる。「時流に乗る」という程大げさではないが、大きな流れの端っこでチャポチャポやらせてもらう感じです。

――お家での食卓の囲み方はどうですか。

義晃　とても大事にしています。男の子が3人いるのですが、人生の中で5人揃って食事をとれる期間は、そんなに長くあるわけではない。男の子は20代で家を出て行く。5人揃っての食卓は、せいぜいあと10年位しかありません。

――2011年に『よむ、かく、わかる！さんすう教室』（5巻セット・偕成社）という本を出版されました。出版の経緯とその後を教えてください。

義晃　算数のメルマガを発行していた時、たまたまそれを見た人から、出版してみないかとお声を掛けてもらった。簡単に出版できますよと言われて乗ったが、まあ大変でしたね。

麻愛　半年で書き上げました。すごくハードでした。でも、出させてもらっていい勉強になりました。保護者の方々から、「低学年の子を集めて、きちんと勉強させてくれる塾なのですね」と信頼を得ました。マスコミに取り上げられたこともありました。

――今、北海道には将来の展望を語ってくれる塾長が少ないのですが、どうしてでしょうか。

義晃　大手塾が伸びるから中小の自分達は駄目になっていくという論理は成立しないと思います。近くのファミレスがラーメンを出しているからうちのラーメンは売れないということにはならないのと同じです。うちのラーメンにはうちでしか食べられない味があります。うちのラーメンにはスープや麺にこだわりがありますよという気概が大事ではないでしょうか。

麻愛　目先のことだけ見ていると、気持ちが上下しやすい。でも、長い流れの中で間違ったことはやっていないという確信があるから、日々の小さな凸凹には一喜一憂しません。北海道が元気で、日本が良い国で、世界が平和であってほしい。その視点から塾の役割を考えているから暗くなる必要はありません。ずっと北海道にいると時々世界観が狭くなり、未来に対して自信を持って語る人が少なくなるのではないでしょうか。

――「北海道、日本、世界」という発想から教育を語る塾長は少ないですね。

麻愛　私の中では当たり前の考えです。色々な人に迷惑をかけながらも自分は生かされているのだから、自分も他の人のために生きなければならない。世界共通の財産である地球が元気であるためには、北海道が、百年後も素晴らしいものであってほしい。北海道の中から、リーダーシップを取って問題解決に当たる人が是非出てきてほしい。

北海道の良さも悪さも正確に認識するためには、一度外に出て、道外で揉まれて北海道に帰って来るのがベストです。北海道のために尽くしてくれるような人間を輩出する塾でありたいですね。

義晃　最後に、子ども達に一言。「飯を食え　本を読め　空を見ろ」、これがうちの理念です。

人に優しくするためには、たくさんの考え方を知り、考え、行動し、挫折し、それでも切り抜けた経験が必要なのです。ご飯をたくさん食べ、体と頭と心を鍛え、人生を切り拓いていってください。「考える力」は「生きる力」なのです。

◉コメント

池《いけ》田《だ》晃《あきら》
興学社学園・学園長
関係　恩師（同業者）

北山塾長は我々の素晴らしい仲間であり、共に民間教育の未来を築くための同志である。これまで「教える者こそ学ぶべき」の精神で互いに切磋琢磨し研鑽に励んできたが、その情熱的な姿勢には深く敬意を抱いている。何より生徒への思いは熱く、教育への志は高い。北海道にパシフィック・セミナーあり。これからも共に成長していきたい。

8

異業種からの塾長さん

教える楽しさ。
生徒と共に
変わっていく人生。
たまらない。

スクールIE 札幌桑園校

室長

小野木《おのぎ》 崇《たかし》 さん

●

〒060－0004
札幌市中央区北4条西15丁目
ガーデンハイツ西15　1F

――小野木先生は大学を出てから、ホテルの営業職に就くのですね。

小野木　札幌で開業オープンしたホテルに就職しました。外部に出ての営業活動が主だったので、最初は接遇の研修ばかりでした。マナーとか、ホスピタリティーとか、「こうあるべき論」を徹底的に仕込まれました。

――先生に会った時、すぐに「この人は違う」と感じたのはそのせいですね。普通の塾長と違います。先生はそこで8年働き、次にコンビニエンスストアのスーパーバイザーの仕事をやります。

小野木　マーケティング活動の職種に興味がありましたし、経営コンサルティングとして、指導する立場の仕事をしたいと思っていましたので、大手コンビニのスーパーバイザーになりました。

――仕事内容はどんなことをするのでしょう。

小野木　コンビニ店舗を回り、売り方や売り場の状況を確認し、来週はどんな商品を売るかを提案します。店舗の「人、モノ、カネ」全般の管理状況をかなり細部にわたって指導します。その仕事を10年間やりました。

――ホテルといい、コンビニのスーパーバイザーといい、お客様商売という点で共通しています。両方経験して学んだものは何ですか。

小野木　当事者が主体的に動かないと物事は前に進まないということです。特に店長自身が変えようと動かないと売り場も、お客の印象も、利益も変わらないのです。

――塾にも当てはまりそうですね。

小野木　ＱＳＣをいかに高めていくか、重要なテーマです。クオリティー、サービス、クリンリネス（清潔）は基本的な観点です。これを塾に置き換えると、講師の育成と教務力であり、生徒や保護者への対応力であり、清掃活動でしょう。

――うまくいく店長というのは分かりますか。

小野木　何となく感じます。気持ちが外向きな店長は良いですね。常にお客の方に視線を向けて自己改善を図る人です。雑な人は駄目です。例えば、ごみが落ちていても気にならない、自転車が倒れていても気にならない。そうした店の将来は難しいでしょう。

——先生が塾業界に入った理由を教えてください。

趣味のキャンプを娘さんと

小野木　コンビニの教育研修が楽しかったので、対象者をさらに低年齢化したらもっと面白いのではないかと感じました。子ども達に、自己が変わっていく瞬間を味わってもらいたかったのです。

——今後の展望を聞かせてください。

小野木　開塾は２００９年ですが、まだまだ地域に認知されているとはいえません。例えば個別指導といいながら講師１人に対して生徒数人を指導している塾もありますが、うちの場合は講師１人に対して生徒は最大２人までです。こうしたこともまだ十分に知られていません。

　また高校や大学への合格実績では大手塾に対抗できるところまでいっていません。１教場だけでは限界がありますので、今後は多店舗展開も視野に入れたいと考えています。

——教室の壁に貼ってある「成長の秘訣」という文言が良いですね。「素直に、謙虚に、お陰様」。小野木先生の言葉ですか。

小野木　そうです。自分一人で何でもできるようになったのではなく、いろいろな人との関わりで成長したのだということを子ども達に知ってほしかったのです。伸びている子は大抵これを実践しています。私の中で、すっと出てきた言葉です。塾にお父さんが来ると、これを感心して見ていますし、取引先の人はこれを写真に撮っていきました。子ども達もぜひこれを実践して、成長してほしいと願っています。

「素直に、謙虚に、お陰様」。

◉コメント

四ツ柳奈緒《よつやなぎなお》
サクラ会計税理士
関係　ビジネスパートナー

6年前開塾に向けてご相談にいらした際の、小野木塾長が教育について真摯に語られた眼差しを、今もはっきり思い出します。生徒さん本人だけでなく親御さんの精神面までも気配りをされ、子を持つ親の立場としても大変信頼しております。温厚な外見に熱い教育魂を込めたお人柄、その反面会話のユニークさも超一流の素敵なビジネスパートナーです！

個別学院アシスト札幌校

塾長

原《はら》 正道《まさみち》さん

●

〒003−0021
札幌市白石区栄通19丁目4−13　コスモビル2F

——原先生は、塾の前は何をしていましたか。

原　一般企業に勤め営業をしていました。東京で6年間、札幌で14年間働きました。

——営業は得意だったのですか。

原　そんなことはありません。就職して最初に配属されたのが営業課で、特に得意というわけではありません。しかし、20年もやることができたということは営業が比較的向いていたのかもしれません。

教室風景

——塾に転職したのはどうしてでしょう。

原　42歳の時にこのままこの仕事を続けていていいのか迷いました。この年齢は誰でもそうだと思います。その時1番に考えたことは、「人の役に立てる仕事がしたい」ということでした。最終的に選んだのが「塾」経営でした。「なんとかなるだろう」という安易な考えの中、資金数百万円でフランチャイズ（ＦＣ）の塾を新規開設しました。そのＦＣが親切でなかったので、手探り状態での経営が続き、生徒集めもうまくいかず、手持ちの資金がどんどん減っていきました。

——それで今までよくやってきましたね。

原　苦しい中でもスタッフに恵まれ、なんとかやってこられました。それと昔からパソコンではＭＡＣが好きで、チラシを自分で作ることができたお陰だと思います。画像を切り抜いて嵌め込みながら自分でチラシを作り、ネットで格安の印刷業者に注文しました。それまで折り込み料含め20万円以上かかっていたチラシ代が5万円で済むようになりました。何度か失敗を繰り返しているうちに反応も良くなり、最近では必ず15件くらいは電話が来るようになりました。ＦＣは脱退しました。以前のＦＣは最初に数百万円払い込んでしまうタイプでしたので、収入がないとすぐに資金繰りに行き詰まってしまいます。

――今、先生の塾はどういうシステムですか。

原　パソコンを使った自主学習という個別指導システムです。映像はA社のものを使いインターネット経由で流れてきて、自宅でも見ることができます。映像教材の利点は、理解できるまで何度でも繰り返し見ることができることです。講師に３回同じことを聞いたら怒られますが、映像は繰り返しが可能です。教室では映像授業で足りないところをカバーするため講師が常に見回っています。

また数年前から、国語教材では定評のある論理エンジンを使った授業を行い、文章読解力の向上に努めています。現在の生徒数は約50名で、目標は生徒数１００名です。うちでは学びホーダイというコースがあり、なるべく多くいう毎日来てもいいコースがあり、なるべく多く通塾するように勧めています。それも、人件費が抑えられるこのシステムだからこそできることだと思います。

◉コメント

杉山圭子《すぎやまけいこ》
個別指導ガビット（学人）
澄川教室・塾長
関係　友人

原正道さんをご紹介します。原さんと知り合ったのは学習塾を開業した5年前。初めの印象は、初対面でも思ったことをズバズバ言うちょっとキツイ人。ですがお互いにパソコン教室を併設したころから良く情報交換をするようになり、今では冷静に客観的な意見を言ってくれる大切な友達です。生徒の合格祈願に藻岩山へ地蔵参りをするような温かい人です。

ITTO 個別指導学院札幌厚別校
（株式会社ノムラ）

マネージャー

前川《まえかわ》 渉《わたる》 さん

●

〒004－0072
札幌市厚別区厚別北2条2丁目14－1

前川　塾の講師採用の面接に行った時、教室で「約束を守るってどうして大事か」ということをパワーポイントを使いながら生徒に対して教えていました。英語や数学ではなく、道徳みたいなことを教えている、ここは本当に塾なのかと驚きました。

面接で合格し、採用されたのが2007年でした。塾で教える経験はすでに2カ所でありましたので採用後は責任ある仕事を次々と任されました。一般の講師から始まり、主任講師、副教室長、教室長と進み、2012年にマネージャーになりました。マネージャーとは複数の教室のサポートをし、教室長を育てていく仕事です。

教室風景（右手）

——玄関からこちらの教室に入ると、右手と左手の机配置が違うのが目に付きます。右手は机ごとに仕切りがあり、左手は長机に椅子を配置してあります。どういう違いがあるのでしょうか。

前川　入って右手は個別指導を行うスペースになります。うちの場合、固定プランとして1対3の個別指導がメインで、ほかにフリープランとして1対1から1対3まで選べる形もあります。

左手の方は「7つの習慣ジュニア」の授業をします。これがうちのグループの特長となっている授業です。中学1年生から3年生を対象とした6名定員で、理科・社会の対策授業を行います。

1講座が80分。最初の20分で「7つの習慣ジュニア」について学び、10分間で理科・社会の暗記テストをし、残り50分で教務指導をします。教務指導とは生徒が学校の授業進度に合わせて予習・復習をするのを講師が巡回してフォローする形です。一般の「集団指導」とは違います。

――「7つの習慣ジュニア」について教えてください。

前川　R・コヴィーが1996年に『7つの習慣』という本を出版しました。その中で成功には原則があったとして7つの習慣をあげています。私的成功として①主体性を発揮する、②目的を持って始める、③重要事項を優先するの3つ、公的成功として①Win－Winを考える、②理解してから理解される、③相乗効果を発揮するの3つです。もう1つ「自分を磨く」を含め全部で7つ。これを子どもにも分かりやすいようにテキスト化したのがジュニア版です。「7つの習慣J」と呼んでいます。

教室風景（左手）

例えばレッスン1ですと、ライト兄弟が飛行機を発明したビデオを見て、彼らが成功したのは「飛行機で世の中の人々を便利にしたかったから」という目標の明確化を学びます。「夢や目標を実現するために何が大事かを理解する」というのが第1日目です。ここからなぜA高校へ行きたいのか、そのために今何をしなければならないのかを理解したうえで勉強に入ります。目標実現のために自分から主体的に勉強します。

――「成功」という言い方がアメリカ的だと思いますが、やっていることはシンプルですね。前川先生も教えているのですか。

前川　ええ。私も7つの習慣を教えています。レッスンは全部で45まであり、1レッスンが2～3回かかる時もありますので、受験生ですと間に合いません。1年で修了するよう私なりに再構成して教えています。

――そもそもITTOさんと「7つの習慣」とはどういう関係なのですか。

前川　ITTOは名古屋に本部があるフランチャイズの塾の名前です。一方、「7つの習慣J」を教えるライセンスは東京日本橋にあるFCEエデュケーションという会社が持っています。私は両方の本部で研修し、両方の資格を持っています。

ITTOの中でも、「7つの習慣J」を取り入れている校舎とそうでない校舎があります。札幌厚別校のグループは4校舎全部が7つの習慣Jを取り入れております。

――先生のグループが7つの習慣Jを採用した理由は何でしょうか。

前川　この教室は旭川の株式会社ノムラの教育事業部門として開設しました。ノムラは63年続く建築関係の老舗で、現在の社長は野村幸生《ゆきお》といいます。

社長は若い時に教員を目指していたのですが、先代の後を継ぐ時点で教員の道は諦めました。しかし教育に関わりたいという思いは続いていました。そして7つの習慣に出会い、それを中心に若い人に人格教育をしたいということでITTOを開塾しました。ですから私達にとって、「ノムラとITTOと7つの習慣」が一体となって展開するのは当然の流れなのです。

先日も月次会議があり最後に野村社長が東日本大震災に触れ、「お互いに助け合って苦難を乗り越えようとしている姿は、7つの習慣の公的成功ということであり、うちの教育事業部でも実行してほしい」と語りました。

私自身は7つの習慣を塾の中心に掲げるノムラで良かったと思っています。会社として赤字の時代もありましたが、理念はぶれませんでした。この理念がなかったら私は塾で働くことを今まで続けられなかったと思います。

――現在の北海道には理念がないですね。大志などとっくにない。私は今の北海道には、「挨拶、謝る、ありがとう」だけでも実行してくれたらと思っています。せめてこの3つだけでも。

この本では前川先生を「異業種からの塾長」のお一人とさせてもらいました。前川先生ご自身は長く教育部門で仕事をされてきたわけですが、野村社長との関連でそう分類させてもらいました。最後に、先生は北海道に何を望みますか。

前川　のんびりしている良い面があると同時に向上心がない。原石がたくさんあるのに埋もれたままで消えていく。これでは本州勢に負けます。北海道の子ども達のために教育をもっと良くするようにできるのではないでしょうか。

　また塾で働きたいという若者がもっと出てくるように塾の職場環境作りも必要です。塾で働く若手をどんどん育てたいと思います。

◉コメント

阿《あ》部《べ》侑《ゆう》磨《ま》
北海道大学在学中
関係　ＩＴＴＯ個別指導学院札幌厚別校の主任講師

ある時、前川先生に「ある生徒と会話が弾まない」と相談しました。私は、どんなに生徒と会話が続かないかを必死に説明しました。前川先生は、どんな時も生徒や講師の話を最後まで聞き、簡潔な答えを提示してくれます。その時も私の話を延々聞いたあと、一言で答えを教えてくれました。頼れる教室長です。

9

全国展開の塾の塾長さん

全国展開している
大手塾の中で
来道した塾の
いくつかを。

個別指導 Axis（アクシス）麻生校

責任者

北上《きたがみ》 丈生《たけお》 さん

●

〒001－0040

札幌市北区北40条西4丁目352－10　N40ビル2F

――北上先生は道内の大学を卒業した後、千葉県に就職しました。道外を初めて見た時どんな印象を受けましたか。

北上　家が瓦屋根で煙突がない。電車から見ると家が継ぎ目なく並び、突然墓地が現れる。台風が頻繁に上陸し、バケツが飛ぶ。衝撃的でした（笑）。

――なぜ千葉県を選んだのですか。

北上　実家は江別です。仕事がつらくなって家に戻ろうと思っても容易に帰れない遠方をあえて希望しました。仕事は全国展開している外食産業です。面白かったのは、九十九里浜近くの店舗でもメニューに鰯料理があるのです。地元の漁師さんは海で毎日鰯を取って食べているのに（笑）。魚の仕込みもやりました。朝10時から翌朝4時までよく働きました。結婚し、子どもができたので退職し北海道に帰って来ました。

――そして個別指導のＡｘｉｓ（アクシス）に入社します。

北上　教員免許があるので一度はやってみたかった仕事です。すぐに教室の責任者を任され今に至ります。

――先生は今、アクシス麻生校の責任者をしながら北大の大学院に通学しています。

北上　ええ、社会人入試で入り、3年目になります。法学部の公共政策大学院というところに通学しています。通常2年間で終えるのですが、社会人入試の長期間履修制度を利用し、4年で修了する予定です。来年が修論で、2万字以上の論文を書かなければなりません。

――大学院では何を研究しているのですか。

北上　興味のあるテーマは「道徳」ですが、入試では「平等・公平」で面接を受けました。アクシスに通塾する生徒と触れ合う中で、親の経済力と子どもの学力の相関関係に興味が出てきたからです。今日でいう教育格差の問題です。面接官からは、「そのテーマなら公共政策ではなく教育学部ではないか」と言われ、色々質問されました。面接はきつかったですね。社会人入試の合格者はわずか10数名でした。

――仕事と学業をどう両立させていますか。

北上　塾の仕事は基本的に夜です。午後2時の出勤ですので、それまでが自分の時間となります。大学院の講義は1時限目が朝8時45分から始まり、2時限目は10時30分からです。昼12時には終わりますので、仕事には十分間に合います。うちの塾は日曜と月曜が休みですので、月曜日一日全部を院の講義に充てています。

Axis麻生校の教室風景

社会人の院生は公務員、経営者、福祉職員が多く、一般企業の社員はいません。普通の会社員では時間的に無理かもしれません。仕事が塾でよかったと思います。上司にも恵まれました。

――講義内容はどうですか。

北上　与えられた課題を解決するため政策をどう立案するか、学生とチームを組んで行うグループワークが多いですね。大学教授以外に、中央官庁から出向で来た実務家の方々が教員として多いのが特徴です。

大学院に通うことを決めた理由の一つに、「3つの目を持つ」ことがあります。「3つの目」とは、虫の目、鳥の目、魚の目のことです。虫の目は近くを見る目、鳥の目は鳥瞰図的な目、最後の魚の目は潮の流れを読むことで、時間の流れを読む目です。3つの目を持って物事を考察することが重要で、この能力を養うことが私の研究目標の一つです。

――塾だけでも忙しいのに、大学院で勉強しようと思った動機は何でしょう。

北上　教育の機会均等が叫ばれながら、結果不平等になっていると思います。均等なのは教科書と場所のみで、その後の人生に立ち向かう情報量は家庭の経済状況や家庭環境によって全く違います。決して平等ではない。社会的弱者が生み出されるのは自己責任ではなく、社会システム上の結果ではないのか。子ども達の未来が、その子の生まれてきた家庭環境によって決定づけられていいのかという疑問がありました。本流に乗れなかった人達の居場所や情報提供機関が必要ではないかと思います。

先日、個人的に「北大を見学しよう」というイベントをしました。貧困家庭の子、母子家庭の子、障害のある子、ボーダー上の子などに呼び掛けたのですが、彼らは北大敷地内を散歩できるということすら知らない。参加者の子どもや親から将来について不安に思っていることが色々出されました。参加した高校生がその後、日本大学に進学し、今もつながっています。世の中には「生きにくさ」を感じている人が少なからずいます。

――先生の関心は塾の枠を超えて、生涯学習の範疇まで広がりそうですね。

北上　何でもそうですが、基準を決めるとそれに包括されないものが出ます。行政はそれに気づき、フォローする必要があります。特に教育はそうです。公教育も私教育も、共に考えるべきことです。大人になってから、学び直しができる環境になれば一番理想的です。塾は市場原理の中で生きる以上、できることにも限界があります。

事実、塾に変革を迫る動きはかなり急激にやってきています。例えば反転授業、国際バカロレアへの参加、タブレット授業、電子黒板など、授業スタイルの変化が進んでいます。私が入社したころは個別指導塾が徐々に増え始めた時期でしたが、その後わずか10年で塾の大半が個別に転じました。時代のスピードはますます速くなっており、塾も大きく変わります。

――「魚の目」が必要ですね。塾をやっての喜びと今後やりたいことは何でしょうか。

北上　うれしいのは生徒の悩みがうまく解決した時です。例えばうちから東大に合格者を出した時は当然うれしかったですし、同様に偏差値ランクが高くなくても、ボーダー上の子が合格した時もうれしかった。悩んだり、困っていたり、もがいている子や保護者がうまくいった時、責任を果たせたと思い、ほっとします。塾にはこうした喜びがあります。私達と話すことで新しい視点や考え方を得たり、問題解決のきっかけになるならとてもうれしいことです。今後は、基準に包括されない子にどう対応していくかを自分なりに追究したいと思っています。

◉コメント

河西良介《かさいりょうすけ》
個別学習塾はる・代表
関係　友人

私が北上先生と出会ったのは、私が個人塾を立ち上げたばかりのころのことでした。塾に勤めながら、大学院生でもあり、広い知識と理路整然とした話しぶり、教育への熱意を持っていながらも、佇まいはほんわかしていて、どこか魅力的。そんな北上先生は、私と教育理念も近く、今後も塾や教育の世界を共に渡っていきたい先生の一人です。

駿台小中学部　平岡校

校舎長

田村 模輝《のりあき》さん

●

〒004－0805
札幌市清田区里塚緑ヶ丘1丁目14－1

――田村先生のご出身はどちらですか。

田村　旭川です。

――兄弟は何人ですか。

田村　男ばかりの3人兄弟。私は真ん中です。

――高校生の時、留学されたそうですが。

田村　高校に入って間もなくの時、父が勝手に決めて来たのです。交換留学でアラスカへ行けと。私は何の興味もなかったのですが、7月から40日間行きました。

――お父上はなぜ留学を勧められたのでしょうか。

田村　分かりません。ただ、上の兄が高校1年の冬、歩道に飛んできた車によって亡くなりました。私が中学2年の時でした。それがあって父は、やれるうちに何でも経験させてやろうと思ったのかもしれません。父は信用金庫の支店長で、ライオンズクラブに入っていましたから交換留学はクラブの紹介だと思います。

――英語は得意だったのですか。

田村　全くできませんでした。そもそも勉強はあまり好きではありませんでした。試験の点数は何とか取っていましたが、前向きに勉強する方ではありません。

大体、高校への進学すらしたくなかったくらいです。早く働きたかったので、中学の高校見学では工業高校を見に行ったほどです。親には勝手に工業高校の見学に行ったと叱られました。結局普通科高校に進学しましたが、大学は全く考えていませんでした。

――英語も話せず、40日間の留学は大変だったでしょう。

田村　言葉を話せなくても何とかなりました。向こうも夏休み中だったので、ホームステイ先の家族みんなと一緒に楽しんでいました。日曜日は教会へ行ったりして。それがきっかけで英語だけでも勉強しなければという気持ちになりました。自分から進んで勉強しようと思ったのは初めてでした。何事も、興味を持つのが人より遅いのです。

――日本で大学を卒業した後、今度は本格的に留学しますね。

田村　アリゾナの大学を2校渡り歩き、最終的にトゥーソンにある大学を卒業しました。全部で3年半いました。とても楽しかったのですが、勉強はきつかったですね。

向こうの大学の授業は議論が主体なのです。とにかく議論し、自分の意見を主張し合うのが授業なのです。次の授業までに本の何ページまで読んで来るようにと言われるが、それが70ページくらいあるのですよ。それを読んで、何を質問するかを考えて、終わったらレポートを書くという繰り返しです。卒論は論文用紙裏表30枚でした。その時の書いた論文は今、父が持っているかもしれません。父は英語ができませんけれど。

――トゥーソンの大学を卒業し、2001年に帰国しますが、また留学を考えますね。

田村　帰ってきた時27歳でした。向こうが楽しかったので、もう一度行きたい、今度は大学院へ行きたいと思いました。親に経済的援助を頼めない年齢でしたので、自分で働き、資金を貯めて再度渡米しようと考えました。そのためすぐに就職できて、いつでも辞められる仕事として塾を選びました。それが埼玉県を中心とする、ある大手塾でした。

――それが教育業界に入る最初ですね。

田村　そうです。最初1年で辞めるつもりでしたが、結局2年半おりました。面白かったですね。将来は絶対、教育の仕事をしたいと思いました。でも外国も行きたい。そこで「外国にある塾」という選択肢を思い付きました。

――そこから駿台に採用され、海外校の中のマレーシア校に派遣される。

田村　1年勤めました。素直でいい子が多かった。外に自由に出かけられないので家族と一緒の時間が多くなるからでしょう、学習意欲が高く、日本でいえばトップクラスの子ばかりでしたね。

――次に香港へ。4年間の勤務ですね。

田村　そうです。赴任するとすぐ小6と中1の担任になりました。親は首都圏の商社マンで、子どもの能力はマレーシアの生徒以上に高かった。教えれば教えるだけ伸びた。海外校の社員は、「こんなレベルの子を教えられるのは香港しかない、日本に戻りたくない」と言っていましたね。子ども達の志望校は皆、早慶付属をはじめとする私立中高一貫校が多かった。中3生徒の卒業を見届け、一区切りとして日本に帰りました。

愛娘・和樺那ちゃんと

――帰国し、結婚し、今度はドイツへ。横浜にある私立桐蔭学園のドイツ分校に就職する。その経緯は。

田村　結婚した妻がヨーロッパに関心が強かったので、駿台の友人の紹介で桐蔭学園のドイツ分校で働くことになりました。ドイツでは中1の担任をし、そのまま持ち上がりで卒業させ、ドイツ校の閉校に合わせて帰国しました。学校現場に3年いたことになります。

――帰国したのが2012年。すぐまた駿台に戻り、今度は札幌に勤務する。出たり入ったり、普通の企業では考えられないと思うのですが。

田村　ドイツから帰って、東京お茶の水の駿台に行った時、温かく迎えてくれました。社長には「妻の意見ばかり聞いているからフラフラするのだ。もう落ち着く覚悟を決めなさい」と説教されました。

　札幌で平岡教室が新規開校するのに合わせて着任し、今年で3年目になります。家族ができ、生活の場と仕事の場がうまく両立し毎日がとても楽しいですね。特に、「日本で生きている」という実感があり、うれしいですよ。

――私は関西に長くいたのですが、向こうの塾は夜遅くまで仕事をし、家庭と仕事の両立が難しいという印象を受けました。塾で夜中の2時まで働き、家に帰って寝るのは朝5時。起きるのは昼で、昼過ぎには再び塾にいるという生活で、大抵の塾長は「体を壊すか、離婚をするか」と笑っていました（笑）。

田村　それは人間の生活ではない。駿台の場合は授業の終わりは夜9時30分。10時には校を閉める。塾生には早く帰るよう指導しています。仕事が溜まっているなら翌日早く出勤してやろうと申し合わせています。

規定の出勤時間は午後1時30分だが、午前11時に来れば十分処理はできる。家で家族と朝食を取り、新聞を読み、娘と散歩をし、妻と話す。普通の会社員の勤務形態に近いと思いますよ。午前中全部空いているので、むしろ恵まれているかもしれません。保護者面談の時期だけは少しきついかもしれませんが。

――学校と塾の違いを教えてください。

田村　塾の先生は恐らく、塾は学校より大変だと言うでしょう。私は塾も学校も両方経験しているので分かりますが、学校は学校なりに大変です。学校は授業以外に分掌、クラブ、学年、生徒指導、進路指導、報告書作成、保護者対応など多様な業務があります。一般的に「雑務」と呼ばれる種類の仕事が多すぎるのが学校の特徴です。

塾は会社システムの延長線上で、どのように生徒の成績を伸ばし、生徒や保護者の満足を得、地域にその良さを知ってもらうかが大切です。当然「雑務」は削られ、生徒や保護者に特化します。

――先生は関東も知り、海外も知っている。北海道の子ども達を見てどう感じますか。

田村　北大や有名公立高を目指す生徒達には道外にも目を向けてほしいと思っています。北海道の子は他府県の子と比べ決して劣っていません。光るものをたくさん持っています。しかし、道内で止まってしまう。関東なら早慶、筑駒、開成に行きたいと言えば、駿台ならいくらでも相応のシステムを提供できる。塾で教科書やテキストが全部終わり、もっと高いレベルの学習をさせてあげたいと思っても、北海道では必要ない。本当に勿体ないと思います。せっかく光るものを持っているのだから、道外に出るのを嫌がらず、本州で揉まれて自分を鍛えてほしい。「一度は北海道を出て、いずれは北海道に戻る」ということを考えてほしいですね。

――お父上は今、どうなさっておられますか。

田村　父は最近仕事を退職し、母と一緒に世界をあちこち旅行しています。渡航情報を確かめることなく海外に行こうとするので、私がそこは危ない国だからと制止したこともあります。今思うと私に勧めた海外留学も、父自身が若い時にやりたかった夢だったのかもしれません（笑）。

◉コメント

杉浦由枝《すぎうらよしえ》
関係　北大前本部校・事務局員

駿台小中学部、平岡校の田村先生は愛情豊かな方であります。子ども達の成功を自分の事のように喜ぶ。そんな人間味にあふれ、とにかく子ども達と一緒に成長したいと考えている真面目で楽しい先生です。学習する空間を演出するのが上手い先生です。そんな田村先生は、一児のパパであり、娘さんのことも溺愛していらっしゃいます（笑）。

能開センター大通校

責任者

関口 和《かず》宏《ひろ》 さん

●

〒060－0061
札幌市中央区南1条西5丁目20
郵政福祉札幌第1ビル2F

――関口先生は高校卒業後にB型肝炎を発症したわけですが、その病気はどういう症状になるのですか。

関口　全身がだるくなり、動けなくなります。吐き気もあります。肝炎という病気は見た目には普通の健康な人と変わらないのですが、本人はどうしようもないくらいだるい状態なのです。ひどい時はベッドから起き上がることすら、つらくなります。

――入院はしたのですか。

関口　その後3年間、入退院の繰り返しでした。

――大学進学も考えていたのですか。

関口　ええ、通院しながら予備校にも通いました。入院した時は病院側の特別な計らいで看護師の休憩室を使わせてもらい、自分一人で夜中まで勉強していました。

大学に入った後、塾でアルバイトも始めました。その塾が面白くなるのです。どんどん塾にのめり込んで、仕事も任され、教える時間も増え、5教科全部教えるようになる。色々な塾を経験した後、能開で正社員として採用されることになります。

――肝炎の方はもういいのですか。

関口　発症してから30年近くなりますが今は落ち着いています。半年に1回、検査を受けていますが数値は安定しており、自覚症状は全くありません。

――自分の病気から学んだことはありますか。

関口　病院に3年間お世話になる中で、人の死ということを思い知らされました。真夜中、看護師の休憩室から自分の病室に帰る廊下で、ストレッチャーに乗った、白いシーツを被せられた遺体に何度か出会ったり、6人部屋で元気に話していた人が翌朝亡くなっていたりとか、死はすぐ隣にありました。

当時私は常に「遺書」を持っていました。自死ということではなく、死を意識しながら今を大切に生きる「メメント・モリ」の思いからです。これが私の原体験となったようです。

病院で受験勉強もしましたが、ずいぶんと本も読みました。特に死に関する本を読んでいました。解剖学者の養老孟司、精神科医のヴィクトール・フランクルを読んだのもこのころです。今でもフランクルの『夜と霧』『死と愛』『それでも人生にイエスと言う』は私の座右の書です。

病気の3年間は見方によっては無駄で遠回りな3年間でしょうが、私にとっては貴重な時間でした。一生の中であれだけじっくりと考えたことはありませんし、あの時考えたことは私の根幹を形作っていると思います。

実は能開では授業の始まりにホームルームをします。これは他塾ではあまりないと思いますが、授業に臨んで生徒の気持ちをこちらに向かわせるためです。私は原体験に基づいた色々な話をします。死と向き合った3年間がなかったら私は子ども達に何も話せないし、ある意味、子ども達の前に立つうえで必要な3年間だったと今にして思います。

――塾がホームルームをするのは初めて聞きました。

関口　子ども達には人間同士が本気で向かい合うことの大切さをぜひ知ってほしいのです。今の子にはそれが極端に欠けています。能開の授業は「厳しさ、熱気、大笑い」と表現され、その実践を要求されます。教える側によほどの力量がないと実践できません。さらに「感動を与える」ということも要求されます。能開が先生方に求めているレベルはかなり高いのですよ。

――能開さんについて聞きたいのですが、設立が1976年（昭和51年）で、現社長の西澤昭男さんが大阪で起業した。年間売上高は160億円を超えており、社名のワオ・コーポレーションには

驚きの「わお！」が込められているということですね。

関口　その通りです。会社のロゴマークも感動を表しています。感動を伝えるために様々な事業を行っています。元々は塾教育部門から出発していますが、今ではオンライン学習、アニメーション映画製作、キャリア教育までかなり幅広く事業展開しております。すべてのキーワードは「感動」です。起業してまだ40年しか経っていません。創業者が今も現役で社長をし、一気に全国展開しているということのスピード感には我々社員も驚きです。

愛娘・言葉《ことは》さん（中央）と百那《ももな》さん（右）

——西澤社長が監督したアニメーション映画『NITABOH』と『ふるさと——JAPAN』の両方を観ましたよ。感動しました。音楽もよかった。

関口　何度観ても泣けます。全国の色々な学校で上映されています。

——私は関西が長かったのですが、関西で能開といえば、まず知らない人はいない。でも北海道に来て驚いたのは、失礼ですが能開さんがあまり知られていないということでした。関口さんの責任ですか（笑）。

関口　いや（笑）、関西ほど知られていないという点は認めますが、北海道も頑張っていると思いますよ。札幌に能開センターができたのが１９８４（昭和59）年です。当初は関東、関西の手法をそのまま北海道でやろうとしましたが難しすぎてうまくいかなかった。では北海道レベルに合わせて定期テスト対策だけやっていればよいかというとそれもいかがなものか。結局、北海道には北海道特有の課題があるということが分かった。

能開には、地域ごとに他府県と違うことをやっても構わないというおおらかさがあります。だから北海道の能開は、独自のハイレベル対策を打ち出しました。

――北海道の塾について聞かせてください。

関口　私立中学校の入試説明会で塾の先生が「お宅の入試問題は難しいから易しくしてほしい」と意見を述べました。しかし塾が要望すべきはその逆であり、受験生である子どもが難しい問題を解けるように、塾が指導スキルを磨き、子ども達を頑張らせることが本来の塾の姿ではないでしょうか。易きに迎合するのは北海道のためにならないと思います。塾が、保護者の短期的な欲求を満たして事足りるとするのか、保護者のニーズの奥底にあるものを育て、気づかせてあげるようにもっていくのかということです。

子どもは塾に数年間通うことで大きく変わる可能性があります。子どもの将来を広く、高くしてあげることが私達の使命であり、勉強の先に何があるのかを子どもに示してあげるのが塾に生きる私達プロの職務だと思うのです。

◉コメント

高橋きよみ（写真中央）
関係　元塾生の母

先生の第一印象は頼りになり、安心感のある雰囲気でした。しかし、事務所で机に向かって考え事をしながら寝てしまったり、笑える一面があったりと親近感も覚えました。どの分野の質問や相談をしても適切に答えてくださり「疑問、相談は関口先生へ」が我が家の合言葉です。子どもの性格を見ながら一つひとつ対応してくださる、優しく信頼できる先生です。

10

寺子屋風の塾長さん

塾は
元々こうだった
のかもしれない。

慶学館《けいがくかん》　新川学舎

塾長

佐藤 良《りょう》将《すけ》 さん

〒001－0901
札幌市北区新琴似1条11丁目1－3

——佐藤先生は「野球好き」から、こちらのスポーツ事業部で仕事をしたいと思って入社試験を受けたのですね。

佐藤　そうなのです。人事部の面接、部長面接と進み、最後に高橋社長の面接で、社長から「仕事として野球がなくなるという話は知っていますね」と言われて、「えっ」と驚いたのを覚えています。

しかし、人事部は私の本質を見抜いていたのかもしれません。配属は教育部門の慶学館の教師としての仕事でした。自分には合っていたと思います。

コの字型教室

——会社と慶学館について教えてください。

佐藤　社名は「ＢＩＲＴＨ47」（バース・ヨンナナ）といいます。札幌生まれの企業で、将来は日本全国47都道府県に事業を展開していこうという意気込みから名付けました。高橋宏幸《ひろゆき》社長は足寄町出身です。慶学館は、「ＢＩＲＴＨ47」が展開している教育事業部門の塾名です。もう一つのスポーツ事業部門はサッカーの少年チームの育成事業をしており、こちらはＪＳＮサッカースクールという名前で全国展開しています。

慶学館は1995年に設立されました。個別対応指導ですが、パーテーションで仕切ることはなく、先生一人で7～8人の小中学生を対象にして「異学年・異教科・異単元」で教える方法で出発しました。

——小中学生が一緒で、学校、学年、教科、進度のすべてが違い、難しくありませんか。

佐藤　私は塾でバイトしたことも、他塾で働いた経験もありません。入社した時からこのスタイルでしたので、当たり前のようにやっています。うちの教室の場合、長机に二人掛けで最大14人が座ります。それを私一人で教えます。今の子は自分で考えないし、一人ではなかなか勉強しない子が多いので自学自習力を付けることが目標です。

——教室に長机を片仮名のコの字型に並べて生徒を教えていますね。この利点は何でしょうか。

佐藤　理に適っていると思います。黒板に向かってコの字型に並び、仕切り板がないから生徒の右側から教えることができます。全員を自分に集中させたい時は真ん中に入ればいいわけです。真ん中で時々笑いを取り、また勉強を始める。流れにメリハリがつきます。

——生徒の右から教えるのはどうしてですか。

佐藤　生徒の左側から文字を書いた場合、先生の手が邪魔して生徒から字が見えないからです。

——なるほど。楽しいことは何でしょう。

佐藤　生徒の成績が上がった時です。逆にミスがあると悔しい。本人以上に悔しがります。

——好きな野球はどうしていますか。

佐藤　草野球チームに入り、日曜日には毎朝5時から試合をしています。毎回ダブルヘッダーです。

◉コメント

柳《やなぎ》谷《や》正《まさ》富《とみ》
慶学館社員
関係　慶学館での先輩

佐藤先生は、若いので当然ですがとにかく行動が速い。先輩、上司にアドバイスをもらった後など、すぐに行動に移ります。そんな佐藤先生だから子ども達からの評判も非常によく大変慕われています。これからも真っすぐな思いで、新川教室を盛り上げていって、コの字型指導グループの中心的な存在になっていってくれる先生だと思います。

学習空間シグマゼミ

代表

八《はっ》反《たん》田《だ》 亮《りょう》平《へい》さん

●

〒001－0930
札幌市北区新川713

――八反田先生は大学卒業後、札幌市内の私立中高を6校、塾を2校経験してから2011年に自塾を開設しています。

八反田　中学時代から人に教えることが好きでした。高校の時には児童福祉なども考えたのですが、結局、中学校の教員が向いているかと思い、大学も教育大になりました。

――今日、教室に入った瞬間、驚きました。普通、塾では黒板に向かって机と椅子が並んでいる小さな教室か、仕切り板で区切られた個別指導の教室かなのですが、こちらは大きなテーブルが置かれて、その周りに椅子が散らばっているだけです。まず目の前に広がるこの空間が面白いと思います。最初からこうしたやり方を考えていたのですか。

八反田　以前勤めていた塾で高校入試前の時期になると、塾の授業後に生徒が机をつけて教え合いながら勉強し、分からないところは先生に質問に来るという感じで自習をしていました。私が張り付きで授業し続けるより自主的で良いのではないかと思い至りました。最初に基本的な知識や適切な演習材料を与え、後は生徒の動きを観察して解説や助言をしていく。そこから「指導者のいる自習室」というイメージを描きました。

　自習室といっても、仕切り板で区切られた個別のブースではなく、図書館で高校生や大学生が大きなワークテーブルを囲み、資料を広げて勉強している、あの感じです。そしてその場に、質問に答えてくれる先生がおり、進路指導をしてくれる指導者がいれば、勉強場所として面白いと思いました。

――机配置だけでなく、塾のやり方もユニークです。

八反田　授業時間は切っていません。学年、教科、レベルなど皆違います。それぞれが違いを持ちながら一堂に会して勉強をしています。教えなければならないことが出てくればホワイトボードで細かく説明をします。私が生徒の誰かに教えている間は他の生徒は自分で演習をすることになりますが、うまく回っているようです。高校生に教えているのを中学生が聞いていたり、中学生に教えているのを高校生が懐かしそうに見ていたり、その混在感が面白いですね。

――他塾との違いは何でしょう。

八反田　生徒に任せている部分が多いことでしょうね。来塾の曜日や時間は生徒が自主管理します。課題は出しません。確認テストもしません。宿題は「今日やったことを次回もできていること」と言っていますが、どんどん吸収して先へ進んでいく子もいます。

教室風景

　過去問演習にこだわるようなテスト対策はしていません。試験直前の演習が通用するのは、せいぜい中学までです。そんな付け焼き刃では結局は何も身につかず、いずれ失敗します。普段から丁寧に勉強し、理解し実力がついている子は、定期試験でもきちんと点を取るものです。その力を学力と呼ぶのだと思うし、究極それを育てたいと思っています。

――先生は色々な私学を経験しています。今、私学をどんなふうに見ていますか。

八反田　進学実績を出すことに偏りすぎていると思います。それも、学内だけでやろうと無理をしているようです。

　私は、学校で数学を教えていた時、自分はある程度教える技術を持っていると自惚れていましたが、予備校で教えていた先生と一緒に仕事をするようになった時、これは敵わないと思いました。

数学的な知識の量と解いた入試問題の数がまるで違っていました。その先生は、「この問題は何年のどこの大学の入試問題に似ている」というところまで分かりました。守備範囲が違うのです。

多くの学校ではかなり無理をしていると感じます。教科書をきっちりやるだけでも大変なのに、生徒の実力に合わない教材を使ったり、消化しきれないほどの課題や課外講習を課したりしています。多くの場合はそれが生徒の時間を奪い、負担を増やし、可能性を潰すことに繋がっています。

大学受験指導のすべてを学内だけで完結させること自体、そもそも無理があります。学校では基本を徹底的に教え、余力のある優秀な子は塾や予備校の力を借りることを考えた方が良い。学校と予備校では守備範囲が違います。システムとして分けた方が生徒にとってもすっきりすると思います。

◉コメント

福島《ふくしま》新四郎《しんしろう》
学校法人クラズユニック・理事長
関係　元上司

私は、この業界に40数年間身を置いておりますが、学習塾は「地域の教育に貢献すること」が使命であると常々感じております。八反田先生は、真っ向から取り組んでおられます。自分の理想の学習塾を創りたいとの申し入れで、当校を退職され、「学習空間シグマゼミ」を開塾されました。この名称に先生の理想とする学習塾の姿が見えます。

学びや　むげん

代表

鷹取《たかとり》 史明《ふみあき》さん

●

〒003－0832
札幌市白石区北郷2条4丁目2－17
N43　INAビル2F

――鷹取先生のブログのアクセス数が500人とのことですが、すごいですね。

鷹取　入試時期になると1万人を超します。2008年（平成20年）からほぼ毎日更新しています。ブログを始めた時、「毎日更新する」と自分自身に誓いましたから。

――先生の経歴を見ると、大学院を出て公務員になり、そのあと塾に10年ほど勤めて2012年（平成24）にこちらを開塾しています。前の塾はどのような塾でしたか。

鷹取　「集団個別」というスタイルです。先生1人に対して生徒が5、6人。最初に先生が黒板に単元の始めを講義し、あとは各自が好きなように勉強する形です。時間割もなく、学年、教科もバラバラでした。生徒数が増えるにつれ、時間と学年を決めてやるようになりました。10年間、私自身は割と自由にやらせてもらいました。

――そこを辞めて自塾を開設した動機は何でしょうか。

鷹取　生徒は試験前に皆、塾で自習したいと言います。私は「おいで、おいで」と誘いますが、来ても座る場所がないことが多い。特に高校受験シーズンは全く座れません。その状況を何とかしたいとずっと思っていました。

生徒は家では勉強できないのです。家には誘惑する物が多過ぎます。テレビ、携帯、ゲーム。家族との軋轢もあります。勉強は家を離れて塾であるというスタイルが一番いいわけですが、それが叶いません。親は、勉強はどこでもできると思いがちですが、そうはいきません。

私は学生時代に家庭教師をしていたことがあります。一度だけ、とても優秀な子の家庭教師になり、一日で辞めたことがあります。家庭教師として教える必要がないくらい能力が高かったからです。あんな子を見たのは後にも先にも初めてでしたが、その子が言うには「できれば勉強はしたくない。勉強をしなければならないと思うから勉強をするだけで、勉強が楽しいと思ってやったことは一度もない」とのことでした。この子にしてそうなのか、ましてやという感じでした。

我々大人でも、そうです。運動は身体に良いと分かってはいるが、なかなかできない。だからフィットネスクラブへ通うわけです。子どもが、塾へ通って勉強したいと思うのは当然でしょう。しかし全員の席を用意することはできない。ではどうするか。

教室風景

席の分しか生徒を入塾させなければいいのです。24人分の机と椅子しかないのなら、塾生は24人しか取らない。こうすれば塾生はいつ塾に来たとしても勉強ができる。そんな塾を作りたかったのです。

——その場合、1日2交替制にするとか、曜日によって学年を分けるとかするのですか。

鷹取　私が自塾を開設した目的は、いつ来ても自分の座席があって、塾で勉強ができるという環境を作ることです。交替制にすると時間に制約が発生します。曜日指定にすると週に何回かしか来られません。それでは生徒の願いに応えたことになりません。

——先生、今この教室には24組の机、椅子しかないですよね。そうすると全塾生は常時24人以下ということになります。例えば月謝が1人2万円とすると、収入は月50万円を切ります。塾としてやっていけますか。

鷹取　普通は無理でしょう。だから保護者は、鷹取先生は隠し財産があって塾は道楽でやっていると噂しているとのことです（笑）。経営的にこの方式が可能な理由は、私が独身であるのと、金銭にあまり執着しない性格だからでしょうね。

実は父も会社で重役になるのを辞退して退職しました。会社始まって以来のできごととのことですので、お金に執着しない家系のようです。お金は、なければ困るが、ありすぎるのも困りものです。

――なるほど。ところで、塾での学習形態を教えてください。

鷹取　週に一度、2時間半だけ集団授業をします。月曜日に中3生、水曜日に中2生、金曜日に中1生という形で行います。私が学年全員に、まとめて教えた方が良いと思う内容を伝えます。それ以外は自学です。その集団授業の時間帯でも、席は空いていますから、他の学年の生徒は自由に席に座って自習できます。

授業は学校の「後追い授業」です。学校での授業を優先にして、塾では学校のやったことにプラスする形です。

――塾で楽しいと思うことは何でしょう。

鷹取　前の塾も含め、一人の子を私一人で小学校5年生から高校3年生まで8年間勉強を見続けたことがあります。私には子どもはおりませんが、わが子を見るような感じでした。8年間ずっと一緒にいるというのは、学校現場ではないことでしょう。

――先生は地理の教科にこだわりがあるそうですね。

鷹取　私は子どものころから右目が悪く、小学校4年生までに5回手術をして、ようやく0・2になったのですが、入院中の差し入れでほしいものは何かと聞かれ、「電卓と時刻表」と言ったらしいのです。時刻表を眺めてニヤニヤしていたとのことです。小学校低学年で47都道府県を全部知っており、日本全国の主要な地名も知っていたようです。ですから塾生には世界の国、都道府県をまず覚えてもらう。子どもはすぐ覚えます。

——将来の夢を聞かせてください。

鷹取　塾での最初の教え子がもう27歳です。これからは元教え子とその子どもが来塾してもおかしくない。母親となった元教え子が面談で「先生、この子に何とか言ってやってくださいよ」と言った時に、「でも君だって中学生の時は、やれていなかったよね」と言ってやりたい。これが夢です。

◉コメント

田口愛華《たぐちまなか》
高校在学中
関係　塾生

鷹取先生は怒る時、ピコピコハンマーを持って登場します。歴史の授業では登場人物になりきり、怪しい語呂合わせを教えてくれます。テストで条件をクリアした生徒には焼肉をご馳走してくれます。毎年、卒業生とボーリングに行き本気で勝負します（負けたのは1回だけ）。私は色々な先生を知っていますが、こんなおもしろい先生は初めてです。

11

一風変わった塾長さん

学びたい人が
集う場が学校。
建物のことではない。

NPO法人フリースクール 札幌自由が丘学園

学園長

杉野 建《たけ》史《ふみ》さん

●

〒060－0908
札幌市東区北8条東1丁目3－10

――杉野先生は教育大学を卒業し、そのまま大学院へ進み、修了後こちらに来ています。いわば人生全部が教育畑ですが、誰の影響でそうなったのでしょうか。

杉野　私が小学校高学年の１９８０年ころは、地元の中学校が非常に荒れていた時期でした。小学校の先生が私達に、「中学校へは近づくな」とか、「スーパーへは一人で行くな」とか注意していました（笑）。近くの中学校では学校祭の練習の時、その中学出身の暴走族がバイクで乗り込んで来ていましたし、授業中に非常ベルがよく鳴って授業にならなかったと後で先生方から聞きました。

私が中学校に入ってからも、血気盛んな私達を受け止め、全身でぶつかってくれる先生が多くおりました。そうした先生に信頼とあこがれを感じていました。そのころから、こういう先生になりたいと思っていました。

――先生が、普通の学校に就職せずにフリースクールを選んだ理由は何なのでしょうか。

杉野　学部の卒業生で先生になった同期生から当時の学校現場の現状をつぶさに聞くことができました。その話から現場はかなり管理教育が強いように感じられ、院修了後そこへ行くのは気が進みませんでした。子どもがもっと伸び伸びするような自由な教育はないものかと模索する中で亀貝一義《かめがいかずよし》先生に出会いました。

当時、亀貝先生は管理教育と学力偏重の教育に疑問を持ち、自分で私立中学をつくる運動を進めている最中でした。私としては、理想の教育ができるという期待と教師として働けるという願いの両方がかなう絶好の機会として喜んで参加させてもらいました。１９９６年（平成８年）春のことです。

しかし中学校はすぐにはできません。昼は学校づくりの事務的な準備作業をし、夜は自分達で開設した学習支援の塾で教えて生計を立てていました。塾生は多い時で60人ほどいたと思います。そのうちバブルが崩壊し、学校づくりを応援してくれていた企業が撤退することとなり、私立中学校設立の企画はいったん白紙に戻しました。

その動きと前後して、不登校の子が増加していたところだったので、「まずこの子達のサポートをしょう」となって、フリースクールを立ち上げました。同じ１９９６年の11月１日のことです。その時の生徒数は６名でした。それがどんどん増えて今は常時30名くらいおります。

亀貝理事長と

つまり私の経歴としては、最初は私立中学校設立を目指していたが、途中から不登校生や高校中退生のためのフリースクールに変わったということです。ただし、両者の底を流れる思いは一緒です。生徒に対して、既存の学校とは違った居場所、違った学びの場を提供することです。一般の学校よりも「やさしさ、楽しさ、たしかさ」を持った学校です。私達は今このフリースクールを「もう一つの学校」と呼んでいます。

——フリースクールに通学している子どもはどのくらいおりますか。

杉野　札幌市内だけで不登校の子どもは約１７００人いるでしょう。小学生が３００人、中学生が１４００人です。市内及び近郊に民間のフリースクールは10数カ所あります。うちに通学している不登校の子どもは中１から中３まで各10人ずつ計30人ほどおり、市内で１番多い数です。他の施設はそれよりずっと少なく、中には１人、２人しか通っていない所もあります。フリースクールに通っている子どもは、不登校全体の1割にも満たないくらいではないでしょうか。

――フリースクールと一般の学校とは、どう違うのですか。

杉野　不登校になる理由は人により様々です。まず落ち着く場と時間を与え、個々の子どもに合った対応をしていきます。元気になってから学習に進みます。午前中が主要5教科の勉強で、教科書等を使った一斉授業です。ほぼ公教育の時間数の7割程度を確保し、基礎学力の定着を図っています。午後は音楽、演劇、スポーツ、職業体験など体験的な学習を行います。

年間の行事に関しては一般の学校よりかなり多くの時間を取っています。「北海道を歩こう」というイベントでは、真駒内から支笏湖まで33kmを歩きます。札幌セーリング協会の協力でクルーザーを体験したり、3日間にわたり職業体験をしたり、修学旅行に行ったりとかなり多くの行事が組まれています。

うちは全国にあるフリースクールの中でも、珍しい存在です。まずNPO法人として認可され、通算で20年以上の歴史を持っています。さらに勉強の時間割と年間行事予定を明確にしています。これだけきちんと組織的に運営しているところは全国的にも多くありません。

――義務教育段階の子を預かっているわけですから、中学校との連携ということも当然ありますか。

杉野　うちに来る場合には、親が中学校にフリースクールへ行くことを伝え、私達から中学へ毎月1回活動状況を報告します。うちに来ている日数を中学への登校日数に入れるかどうかは校長裁量になります。

――フリースクールだからできるということはありますか。

杉野　フリースクールでは、学習のスタート地点が個々の子によって違うということが出てきます。年齢ではないのです。
　例えば中学2年で初めてうちに来た子がいました。その子は九九ができなかった。その場合、14歳の子に九九を教えることが授業のスタート地点になります。英語はＡＢＣから、漢字は小学2年からがスタート地点となりました。その子は最後に高校へ進学しましたが、これが普通の学校教育でできるかというと難しいと思います。私達だからこそ柔軟に対応でき、進路も保障できたと思います。

動力は風

——そこまできちんと運営していたとしても、「学校」ではないのですね。

杉野　私達の所は学校ではありません。行政的には学習塾と同じ扱いです。一私塾が義務教育に取り組んでいるということです。法的に「学校」ではない施設で、義務教育とほぼ同じことをしているわけです。
　どの子どもに対しても人間が成長する上での大事なことをきちんと伝えたいし、基礎的な学力なくしてものを考えることはできないので、そこを大切にして教育したいと思っています。

——悩みは何でしょう。

杉野　職員の給料をまともに出してあげられないことです。職員にはせめて家族を養えるだけの額は出してあげたい。そのためには今以上に行政的な理解と援助をお願いしたいと思います。

——先生はヨットが趣味だとか。

杉野　ええ、もう15年以上やっています。銭函にヨットハーバーがあるのですが、札幌セーリング協会が所有している4mの小さいヨットに1人か2人で乗って練習します。簡単にひっくり返るのです。いったん沖へ出たら生きて帰るまで誰のせいにもできない、すべて自分の力で帰って来るしかない。自然のせいにもできない。自分の判断がすべてです。

　ヨットは面白いですよ。しかも安い。燃料代が一切掛からない。動力はすべて風ですから。

◉コメント

新藤《しんどう》理《おさむ》
関係　フリースクール札幌自由が丘学園常勤スタッフ

　夏はヨットに自転車、冬はスキー。一年中太陽の下で黒いボディに磨きをかける学園長です。その風貌ゆえ生徒からは「ヤンキー!? 不良!?」と恐れられることもありますが、熱いハートと生徒達への細やかなフォローはスタッフ全員のお手本です。若く見えるけど40歳代半ば。身体には気をつけてくださいね。

童夢《どうむ》学習センター

代表

実平《さねひら》 奈美《なみ》 さん

●

〒003－0002
札幌市白石区東札幌2条6丁目5－1
ターミナルハイツ白石609

――実平先生は「塾嫌い」なのですね。

実平　いわゆる進学塾に行ったことはありません。私は団塊ジュニア世代で受験戦争は日常的にありましたが、目をぎらぎらさせて勉強している姿は自分には合わないと感じていました。

中学校1年生の時からここに通っています。当時は「童夢英会話スクール」という教室で、私自身も英語を学習したくて通い始めました。通常は週2回の学習なのですが、中学3年のころはほぼ毎日来て、好きなだけ学習していました。今思い返せば随分と図々しい話ですが、当時の塾長であった宮崎順一《じゅんいち》先生は私にとことん付き合ってくれました。高校は中ぐらいのランクのところへ進学しました。当時の私の学力ではぎりぎりの学校でした。

――その高校から北海道大学に進学するわけですが、どんな高校生活だったのでしょうか。

実平　学校大好き人間でした。数学の先生が朝学習を開いてくれました。家で学習して分からないところを翌朝質問しに行くという形でしたので、日に日に分からない事柄が無くなっていくのです。翌朝質問しに行きたくて、新たに解けない問題が見つかるまで必死に勉強していました。

高校生の時の三者面談で担任の先生が、「勉強を忙しくしているのが好きなお子さんですね」と言ってくれたのを今でも覚えています。勉強することが大好きだったのです。進路指導では「大学に行って、好きなだけ勉強して来い」とも言われました。

分からないことが、勉強することで分かるようになっていく、そのことが楽しかったのです。また、これならできるという科目が1科目でもあると他教科にも波及します。私の場合は英語でした。宮崎代表が「学び方を身に付けたら一生ものだからね」と言っていましたが、その通りだと思います。

大学入学後は365日通った感じがします。専攻は教育学部で特殊教育臨床心理学です。博士後期課程まで在籍しました。

——先生がこちらの童夢学習センターに関わったのはいつからですか。

実平　生徒としては中学1年から高校3年までで、スタッフとしては大学入学後すぐです。そして2000年に代表となりました。現在、童夢での運営・指導に支障のない範囲で大学での講義活動も行っています。

——どういうお子さんが多いのですか。

実平　童夢に来る子の多くは学習面や心理面で学校生活がつらい子、登校自体がつらい子です。困難の背景に何らかの発達障害の傾向を持つこともあります。学校では通常クラスにいる子、特別支援クラスにいる子、別室登校をしている子など様々です。

年末恒例のうどん作り

宿題が負担になっている子どもが多いですね。学校の学習から取り残されている子も見受けられます。やる気がないのではなく、学習内容やレベルが合わないのです。童夢では子どもの学力に合わせて宿題や学習の支援をします。「できた」と思える経験を積み重ねてほしいと願っています。

子ども達は学校で周囲の空気を読みながら、人間関係のストレスをいっぱい抱えて童夢にやってきます。ここに来て第一声が「ああ、疲れた」です。そんな時にはできるだけ子ども達の話を聴くようにしています。子ども達が学校から抱えてきたものを幾分かでも吐き出し、少し元気になってから学習を始めます。童夢は一斉授業ではありませんので、その時々の子どもの様子に合わせて対応することができるのです。疲れた様子で童夢にやってきた子が、学習を終えて元気に家に帰っていく姿を見る時が、私にとって一番うれしい瞬間です。

　私自身も、一生かけてやりたいと思っていたことがそのまま仕事になっているので、毎日が楽しい限りです。人には笑われますが、仕事が趣味みたいなものです。

――こうした活動をする先生の立場から、学校に望みたいことは何でしょうか。

実平　理想をいえば、私のやっている活動を全部学校でできたらよいと思います。そのためには学校の教員の数を増やし、業務を減らす必要があります。それが実現した時、学校には意欲のある先生がたくさんおりますから、子ども達にとって居心地の良い、安心できる空間が出現すると思います。

◉コメント

宮崎《みやざき》順一《じゅんいち》
㈲童夢教育研究所・代表
関係　童夢学習センター
当時の講師

　実平先生は、教育に対する情熱を内に秘めながら、子どもの気持ちを尊重し、力を信じ、学習意欲が自然に高まるように関わる先生です。子どもが確実に学習を継続できるように、今どこまで理解しているか、どこから分からなくなっているかを子どもと一緒に考え、そこから、分かる楽しさと喜びを味わえるように子どもとの意思疎通を大切に指導する先生です。

札幌遠友塾　自主夜間中学

元代表

工藤 慶《けい》一《いち》 さん

●

〒062－0035
札幌市豊平区西岡5条13丁目7－5

――工藤先生の夢は何でしょうか。

工藤　北海道から、学校に行きたくても行けなかった人をゼロにすることです。北海道には学校に通えなかった人が大勢います。２０００年の国勢調査によると、道内で約１万人の人が小学校を卒業していません。これは全国で大阪に次いで2番目に多い数です。この数字をゼロにしたいというのが私の夢です。

――それで札幌遠友塾「自主夜間中学」の活動をしているわけですね。最初の設立から教えてください。

工藤　もう亡くなったのですが牧野金太郎先生という方がおりました。北方四島の島で生まれ、戦後は教員として札幌の中学で数学を教えていた先生です。牧野先生は、昔札幌にあった遠友夜学校を再現して、色々な事情で学校へ行けなかった人と一緒に勉強したいという願いを持っていました。

――遠友夜学校は新渡戸稲造が設立した学校ですね。

工藤　新渡戸が札幌農学校の教授であった時、学校へ行けなかった青少年を集めて勉強を教えていた夜間の学校です。当時の大学の先生や学生が無償で教え、多くの市民の奉仕で支えられた夜学校です。１８９４年（明治27年）から１９４４年（昭和19年）まで50年間続きました。

牧野先生は、その新渡戸の精神を現代に復活させようとしたのです。中学教師として長年学校で教えていた牧野先生は、学校に通うことのできない人達にも目を向けました。学校に行って勉強することのできなかった人達は、昔から今に至るまでずっと続いて存在しています。その人達を何とかしたいと思っていました。

１９８７年（昭和62年）に、まず「札幌遠友塾読書会」を開き、毎年１冊ずつ本を読んでいきました。私自身はその読書会の2年目から参加しています。そして１９９０年に、自主夜間中学が結成されました。

——関西には部落差別をなくす運動の一環として、識字学級というのがあります。学習の機会を奪われた人達が、そこに来て学ぶことで読み書きができるようになり、文字を獲得することで世界が新しく認識できるようになる。その喜びが語られていました。

授業風景（大坂忠氏撮影）

工藤　関西には識字学級が数多くありますが、全国には別に夜間中学が多く存在します。

新渡戸はそれを戦前にやったというのがすごいところだと思います。

しかし私自身は夜間中学が一番必要になったのは戦後すぐではなかったかと考えます。多数の戦災孤児を生み、学校へ行けない子が巷にあふれたあの時期が夜間中学の最も必要とされる時代だったのではないか。あの時代、長期欠席の子どもが１００万人はいたのではないかと国の調査に出て来ます。「まぼろしの１００万人調査」といわれ、今の70歳代から80歳代の人に該当します。学校に行けなかった人達の割合はその世代が最も高いので、小学校未就学の人達は現代まで引き続き存在しています。

——そうすると、明治時代に新渡戸稲造が遠友夜学校を設立し、昭和の終わりごろに牧野金太郎先生が夜間中学をつくり、工藤先生がそれを現代まで継承しているということになります。もちろん新渡戸と牧野先生に直接のつながりはないわけですが、志は似たものを感じます。工藤先生はその活動を通して何を得たのでしょうか。

工藤　受講生にとっては、学ぶことで生きていてよかったと実感することになり、人間としての誇りを獲得していくことにつながるでしょう。牧野先生の書いた文章の一節にこういうのがあります。「学ぶことが、生きることの証しと喜びになる」。

　私にとっては、その受講生の豊富な人生経験を聞きながら一緒に歩めることが喜びです。また志を同じくするスタッフがたくさんおり、無償で協力してくれることもうれしい限りです。

――私には牧野先生のその言葉が分かる気がします。私は、高校時代は完全な落ちこぼれで、大学に行って勉強しようと思ったのが37歳でした。学ぶことでかなり変わりました。ところで工藤先生としては、この活動をすることである人の願いに応えたことになる――。

工藤　そうですね。１９４８年（昭和23年）生まれの私が中学3年生の時のことです。私は坊主頭だったのでヤカンというあだ名だったのですが、同級生のデン助というあだ名の子から「ヤカン、これで勉強して世の中を良くしてくれ」と一冊の参考書を渡されました。彼は樺太からの引揚者の家に生まれ、両親と兄を病気で失い、貧困の中で育った子でした。当然高校進学もできない環境で、兄が使っていた参考書を私に託したわけです。

　その後私は北大に入りますが、学生運動の嵐の中で大学を中退します。そしてガソリンスタンドの従業員、経理などをして、石油販売会社で65歳定年まで働きました。

　その間に牧野さんと出会い、夜間中学の活動に関わっていくわけです。夜間中学の活動を通して、学びたくても学べなかった人達と接し、その人達と一緒に話す時、少しはデン助の願いに応えられたのではないかと思うのです。

　しかしこの活動により、一番助けられたのは私自身ではなかったかとも思います。立ち上げから色々揉めて、もう駄目かなと思った時もありましたが、何とか25年間やってこられた。デン助の言葉もあり、何か社会的行動をしなければと思っていましたが、この活動をすることで生きる意味を与えられ、生きがいとか、ライフワークを与えられた。一番助けられたのは私自身です。

——デン助さんには、そのことを話しましたか。

工藤　それが、中学卒業後のデン助の行方はクラスの誰も知らないのです。

◉コメント

髙橋《たかはし》啓一《けいいち》

日本—オレゴン友好協会・副会長

関係　1968年（昭和43年）北大入学時の同級生

25年前に立ち上げた夜間中学『遠友塾』は工藤慶一君のライフワークである。少年時代から変わらず持ち続けた正義感と学ぶ事への情熱が彼を支えて来た。塾の資金繰りを家の定期預金を解約して工面した事も、奥様は後で知らされた。昔から思い込んだら突っ走るタイプである。少年のまま大人になったようなところがある。多分これからもずっと。

12

収まりきらない塾長さん

分からない。
一度聞いただけでは
分からない。

セントラル

塾長

澤口 英剛《ひでよし》 さん

●

〒004－0876
札幌市清田区平岡6条3丁目18－14

――澤口先生の塾は宣伝広告をしないと聞きしましたが――。

澤口　ええ、そうです。教室がオープンした1990年（平成2年）と新コースを開設する時の2回だけ広告を出しましたが、それ以外は宣伝広告を出したことがありません。すべて口コミや保護者の紹介で来ていただく会員制の塾ということになります。

――会員制だと自ら間口を狭めることになり、運営的に難しくありませんか。

澤口　確かに難しいのですが、反面、難関校への合格率が上がります。公立高校への合格率はこの5年間で平均92パーセントです。

それに加えて、徹底した生徒管理と子どもに高い合格意識を植え付けることでここまで来られたように思います。

――まず生徒管理について教えてください。

澤口　今はほとんどの生徒がスマートフォンを持っていて、子どもの生活全体がスマートフォンに支配されているように感じます。目が充血して首や肩が凝って、頭が痛いという表情をして「スマホ疲れ」のまま教室にやって来ます。生徒自身に疲れている理由を問いただすと色々言い訳をするのですが、その子の手にはスマホがあり、スマホで友達に返信しながら答えてくる始末です。

スマホと勉強のバランスについて指導し、親の了解を得た上で、スマホを預かります。あるいは別の生徒の場合には、次回のテストで目標点に到達しない場合預からせてもらうと約束します。自己管理ができない生徒はやがて自らの意思でスマホを親に預けたり、塾に預けたりするようになります。そうすると生徒は劇的に変化します。

まず、教室に来た時には清々しい顔をしています。そして勉強のことや学校であったことを友達と楽しそうに話しています。塾の帰りには近くの公園でサッカーや野球などをしてくたくたになって自宅に帰っています。まるで昭和時代のようですよ。

そして生徒自身がこのようなことを言ってきます。「先生、スマホを預けてから楽になりました」。また私達が心配して、友達から仲間外れにされたりしないかと聞くと、「大丈夫です。合格するために塾に預けたって言ったら、逆にみんなに感心されました」と言ってきます。

こうなるとしめたものです。今までスマホに奪われていた脳の領域が解放され、受験に必要な知識がどんどん入っていきます。試験で5割くらいしか取れなかった生徒が8割近くまで取れるようになります。

愛犬ポッチ（向かって右）とポポ

ここから口コミで塾の噂が自然に広まっていきます。「子どものスマホを管理してくれる塾なんて聞いたことがない。是非、うちの子もお願いします」と。

――なるほど。次に生徒に高い合格意識を植え付けることについて教えてください。

澤口　早い段階から公立高校に合格するための数字を意識させるようにしています。具体的には小学校6年生の時から上位校に合格するための内申点と当日点がどれぐらい必要なのか教えています。

内申点は学校での定期テストの結果の他に授業態度や提出物、ノートのまとめ方など総合的に判断され、このすべてが整っていないとAランクが取れないことを示します。このような意識付けを小学生の高学年や中学1年生から行うことにより、今では札幌市内の上位校へ4割以上の生徒が合格するようになりました。

ただ、ここで大切にしたいのが教室の雰囲気です。全員が1つの目標に進むに当たって教室の雰囲気が悪いと結果は出ません。こうした考え方から教室の運営に会員制という仕組みを導入しました。

実は、開業当初にこんなことがありました。色々な塾を渡り歩いて、中学2年生の時に入塾した女子生徒がいます。その子は生まれつき身体に障害のあるお子さんで学校のクラスの特定の男子からいじめを受けていたようです。比較的明るいお子さんだったので、学校でのいじめに私は気づきませんでした。ある時、飛び込みで1人の男子生徒が入塾を希望してきました。ちょうど人数も少ない学年で、おとなしそうな男子だったので、すんなりと入塾の手続きをとりました。入塾が決まった後、その女子生徒が私のところに来てこんなことを言いました。

「先生、あの子、塾に入ったんですか。とっても残念です。あの子に学校で色々陰口を言われているんです。やっと居心地の良い塾を見つけられたと思っていたのに、悲しくなってきました」

正直この言葉に私はとてもショックを受けました。塾の収益も考えなければならない時期だったので、ある程度の学力があり、大丈夫と考え入塾を許可したのですが、その一方でせっかく塾を気に入ってくれた1人の生徒のやる気に水を差してしまったのです。考えた末、この時から一般公募による募集を止めました。ご家庭や生徒からの紹介がない限り入塾をお断りしました。これが会員制を導入したきっかけです。勿論、その女子生徒には塾を続けられるよう十分配慮したことはいうまでもありません。

最初は集客面で難しいように感じましたが、お話しした生徒指導や合格意識を常に持たせる教室運営が功を奏し、今では生徒達が「会員制という方式はプレミアムな感じがして良い」と言ってくれています。そして、ご家庭からも安心して子どもを通わせられる塾だと認知していただいているようです。

◉コメント

青地宏尚《あおちひろよし》
元会社役員
関係　友人

人事評価の一手法として「多面観察」というものがありますが、私が経験した過去の多くのケースとの比較の中で、私個人の勝手な評価ではありますが、澤口先生の場合、多方面の評価項目がほぼ大きな真円（まん丸）に収まるのではないかとお見受けいたしております。それは取りも直さず、澤口先生には指導者として求められる人格、能力、行動力で秀でたものが備わっていることの表れではないかと思います。

進学研究室

塾長

須藤 真臣《まさおみ》 さん

〒007－0828
札幌市中央区北2条東3丁目2－7－141

――須藤先生は高卒後、札幌で浪人し、東北の大学へ進学しました。そして大学の4年間、塾で教えた経験があるのですね。

須藤　そうです。学生でありながら塾と専属契約をしてもらっていました。浪人時代の予備校講師の教授法を参考にして塾生に教えていたのが生徒に合っていたみたいで、自分でいうのも変ですが、人気はありました。私の授業目当てに来塾する生徒がいるというのがはっきり分かりました。浪人時代のお陰です。そこの塾の名前をもらって今の塾名にしています。

――大学卒業後、大手の金融機関に入り東京に勤めます。しかし3年で退社します。なぜでしょうか。

須藤　勤めてすぐの社内研修で、東京の大学出身者とそれ以外の大学出身者とでは研修コースが違っていたのです。東京の大学出身者は本社に勤めることを前提に研修を受けますが私達はそうではありませんでした。最初のスタート地点から差がありました。出身大学による出世の違いは決定的でした。逆転は不可能で、一生勤めても支店長止まりで、本社に戻ることはないだろうと予測しました。その時、3年で辞めようと決めました。

ただ上司には恵まれていました。一流企業のエリート幹部がどれほど優秀かということをしっかりと学びました。

――3年後に退社し、家庭教師の会社に入社します。

須藤　やはり教育に携わりたかった。当時、小さな会社で一番伸びている教育関連企業として家庭教師の会社を選んだわけです。生徒に教えもしましたが多くは営業です。3カ月単位で次々転勤しましたので、日本全国に行きました。営業成績は常にトップクラスでした。

ある日、家庭教師の会社で同時に塾をやってみてはどうかと考えました。夏休みになるとアルバイト学生が帰省してしまうため家庭への派遣が難しくなります。それなら夏休み中だけ集中的に生徒を呼び込み、一斉に授業を実施すれば派遣学生の不足を補てんできるのではないかと考えたわけです。会場としてホテルを確保し、一日目に受験情報を伝え、あとはクラス別に分けて10日間くらい一斉授業をしました。京都、滋賀、奈良で実験的にやったところ大成功を収め、その後社長から数百万円のボーナスをもらいました。これが今日の「家庭教師の会社の塾」の原型です。

――その後、お父上のご病気のため札幌に帰り、1998年（平成10年）に開塾します。動機は「札幌から大統領を出したかったから」とありますが、大統領ですか。

須藤　要は、世界に通用する人材を作りたいということです。最初の会社に勤めた時、逆転は難しいと知り、だったら自分に代わってグローバルリーダーとなる人間を作る方に回ろうと思ったのです。

大学の差は、教育の差です。特に北海道は教育面で遅れています。日本の社会で活躍するためにはそれなりの大学を出ないと駄目だと北海道にいる間に誰も教えてくれなかった。北海道で、中学3年になってから高校受験を志したとしても、中学時代の内申点がある以上ほとんど逆転不可能になっています。色々な点で北海道の教育は遅れています。

それならば、私は中3で逆転できる塾を作ろうと思いました。本州では内申点よりも受験時の当日点が優先されますので、逆転できるチャンスは北海道に比べたら格段にあります。本州の塾は逆転するためにいかに勉強するかという点に焦点が当てられます。私は本州でやって来ましたのである程度のノウハウは持っていましたが、北海道での、特に中3冬からの逆転劇は私としても大きな挑戦でした。

要は中3の冬期講習だけでどれだけ成績を上げてみせるかです。生徒のこの時期のモチベーションは最高です。1カ月間だけ特化した勉強をして、今までの3年近くを逆転させるだけの成績に持っていけばいいわけです。できます。やりました。

——その1カ月間に関わらず、先生のところの塾生は驚異的に成績が伸びていますが、ポイントは何ですか。

須藤　「目標設定」がすべてです。

塾生に進学したい高校を言わせます。他塾ではとても恥ずかしくて言えないような希望校を、「うちでは言っていいんだよ」と言います。他塾なら「君の成績でそこはないでしょう。無理でしょう」と笑われるかもしれないが、笑う塾の方がおかしい。本人が本当に希望するならそれに少しでも近づけて実現するように持っていくのがプロでしょう。

教室風景①

目標設定の後、なぜ、どうして勉強するのか、動機に力を入れています。方向性が確定したら、その方向に向かっているか日々確認します。そこへ行きたいのならやるしかないよねと目標達成へ向かわせます。そこへ向かわせるのがコーチングの技術です。

自分でやれるようにするために、極端にいうと「先生に聞くな」といいます。塾にいるのはせいぜい2、3時間です。家でやり切るようにならないと最終的に逆転できるところまでいかない。

うちの塾の授業を外から見ていると何もしていないように見えます。授業参観に来塾した先生方は「須藤先生は生徒と雑談しているだけで何もしていない」と失望したような感想を漏らします

教室風景②

が、私としてはかなり多くのことをしているつもりです。

——ただ、私の須藤先生に対するイメージとしては、あまり生徒に手を掛けて教えているという感じがしないのです。

須藤　そうかもしれません。私は、高校受験は小学校から始まっていると思いますし、親の責任が大きいと思っています。中学レベルの勉強で苦労している子どもは勉強することが基本的に苦手な子どもなのです。わが子の特質を小学校時代に分かってあげなかったこと、小学校時代から対策を取らなかったことが問題なのです。まして中学に入ってから内申点があり、その内申点が異常に重要視される北海道に住んでいながら、中学1、2年を何もしないでいた「おかあさん。あなたに問題がありますよ」と私は面と向かって言います。そう言うと母親が変わります。子どもが変わります。子どもの顔つきが変わってきます。

母親は言います。「うちの子は全く変わってしまった。別人になってしまった」と。それを称して「須藤マジック」とも表現しています。

私達はプロです。受験のプロ、モチベーションを上げるプロ、子どもの未来を変えるプロです。私自身本当にやりたいのは北海道を変えるプロになることです。

——北海道の特殊性は子どもの将来にとって大きな問題になると思います。北海道での内申点の扱いから始まり、競争心を過小評価するがゆえに、社会に出たら本州勢にやられてしまう現実。一番危機感を持っているのは北海道の保護者ではなく、本州からの転勤族です。北海道に来た母親達は一日も早く北海道を離れ、本州に戻って子ども

に教育を受けさせたいと焦っているはずです。

最後に先生の塾生募集方法を教えてください。

須藤　基本はブログです。母親目線で書きます。「生徒」とは書かない。「生徒さん」と書きます。定期テスト対策などは書かない。こうしてほしいのだがと私自身の気持ちを書きます。

今年はセミナーを毎月開催しようと思っています。参加費は親子で5千円、親のみで3千円。塾生の保護者会は夏以降2カ月に1回程度開催予定で参加費は2千円。塾の月謝はかなり高いです。プロですから（笑）。

◉コメント

小林豊《こばやしゆたか》
旅人
関係　同志

学ぶことを押し付けるのではなくて、学べる環境をつくっているのだなと、何度か塾にお邪魔した時に感じました。だからあんなに生徒が主体的に勉強するのですね。僕が今まで思ってきた塾の印象ががらっと変わりました。そうだから勉強をすることだけじゃなくて、日常の他の行為も変わってくるわけですね。学生時代に学ぶべきことを学べてます。

13

教材販売の業者さん

塾も、
学校も、
生徒達も、
お世話になっています。

研進図書《けんしん》

教育アドバイザー

白浜《しらはま》 憲一《けんいち》 さん

●

〒001－0925
札幌市北区新川5条5丁目6－5

――白浜先生といえば、北大恵迪寮《けいてき》の寮長として名を馳せたわけですが、いつごろのことでしょうか。

白浜　１９６６年（昭和41年）の２月から９月まで、１期４カ月で２期やりました。大学１、２年の、まだ18、19歳の時ですよ。当時、文部省の方針は学生運動の巣窟である大学自治寮を潰すということでしたから、闘いの毎日でした。

――70年安保の少し前になりますか。

白浜　そうです。当時はみんな真剣に考え抜いていたし、哲学的だったと思います。何が正しく、何のために生きるのかを問い、鍛えていました。私自身の立ち位置として「反権力、弱者の立場」が鮮明になったのもその時ですし、それは今でもぶれていません。

――そして70年安保に突入しますね。

白浜　結局大学に６年間いました。学園闘争が全国に広がり、１９６９年の北大闘争では指揮棒を振っていました。

――先生と塾とのつながりはいつごろになりますか。

白浜　塾の講師は20歳くらいからしています。ポプラ学習会というのがあって、札幌の塾の源流の１つですが、変わった塾でした。「塾教育を通して地域社会を変えていく」というコンセプトで、今の人からは考えられない塾でした。

１９８５年（昭和60年）に独立して自塾を開いた。それが今の恵迪塾です。

――先生と「札幌セミナー」とのご関係は。

白浜　２００２年（平成14年）に札幌セミナーの奥山義則社長から要請があり、常勤監査役として入社しました。私が55歳の時です。自塾の方は妻が引き継ぎました。義則社長から声がかかった理由は、義則社長と私の考え方が似ているからとのことでした。確かに価値観、人生観、哲学が似ていました。その義則社長が２００６年（平成18

年）、レストランで食事中に倒れ、急逝しました。心筋梗塞で、まだ49歳でした。

当時の札幌セミナーは経営的に難しい状況にありましたが、私は副社長として何とか2年で業績を回復し、２００８年（平成20年）に退社。札幌セミナーはその後、義則社長の兄の奥山英明氏が経営する練成会に入り、今日に至っています。

――先生は今、教材販売の「研進図書」という社名で、各地を飛び回っておられます。

白浜　塾の方は妻に任せ、私は塾向けの教材販売をやっています。それまで営業をしたことがないので大変でした。全部飛び込みです。

私は子どもの学習には教材の良し悪しはもちろん大事なことだと思うのですが、それ以上に教材を使う教員の力量が一番重要だと思っています。教材を売るというより、教育のノウハウを共に考える、教育アドバイザーとしてお付き合いをさせていただいております。塾教育で何か困った時に、「白浜に聞いてみよう」と思っていただくとありがたいです。

――往年の闘士として今の社会についてどう思われますか。

白浜　最近、夏目漱石を集中的に読み直しています。彼は『草枕』の中で、近代文明を機関車に例えています。大量輸送の機関車に乗せられた大衆は、乗客の意思とは無関係に一定の方向に連れて行かされる。乗客は何がしかの物質的充足は得られるかもしれないが、逃れられない人質となって精神を荒廃させることになると描いています。１００年前にすでに今の世を予見しています。

世の中は決して良くなっていないと思います。格差が広がり、ホームレスが増え、虐待、不登校が増えている。時代は悪い方向に動いています。戦争にでも行きそうな雰囲気です。そんな世の中であるにもかかわらず、社会を変えようとする若者が見当たりません。若者に夢がありません。だからクラークの「尊き野心を持った紳士たれ」という言葉が意味を持ちますし、新渡戸稲造や内村鑑三に学ぶべきものがあります。今必要なのはまさに北大の精神ですよ。

私は今、恵迪寮同窓会の代表幹事をしており、その精神を広めたいと思って、ドキュメンタリードラマ『清き国ぞとあこがれぬ』を製作しました。テレビでも紹介され、製作委員長としてお話しもさせていただきましたが、クラーク博士の魂を現代に再生したいと思っています。

日本国民は一定の豊かさはあるとしても、ハングリーでなくなりました。今は韓国、中国、インドの方がハングリーです。一つ光明があるのは、同窓会長の横山清（アークスグループ社長）が最近、原発にノーと言ったことでしょう。北海道電力が力を持つ北海道経済界の中で、条件付きとはいえ原発に異論を唱えるのはとても勇気がいることです。

――白浜先生で北海道は何代目でしょうか。

白浜　祖父が下北半島から十勝の豊頃町に来道したのが最初ですから私で3代目。私が生まれてから帯広へ移り、私は帯広三条高校を卒業して札幌に来ました。先般、下北を訪ね、先祖を調べて家系図を作りました。判明した先祖の数は250名になります。この人達がいなかったなら今の自分は存在しなかったと思うとしみじみ感ずるものがありました。

――先生の宗教観をお聞かせください。

白浜　無宗教です。家は一応浄土真宗。豊頃町に祖父の小さな墓がありますが、墓守がいないので両親を弔ったら「墓じまい」をするつもりです。私自身の後の事について妻には全部処分せよ、散骨せよと言ってあります。しかし散骨でも70万円はするらしい（笑）。

――座右の銘は何でしょうか。

白浜　「萬古清風《ばんこせいふう》」。宋代の禅宗系仏教書・碧巌録

に出てくる言葉です。真理があるかどうか、それすら分からないけれども永久に真理を追い求めようとする気概を表したものです。

◉コメント

小笠原隆《おがさわらたかし》
某塾・元塾長
関係　友人

塾長は野菜作りの名手である。自宅の畑で生まれる新鮮で素朴な味わいのキュウリとトマト。独特の自然農法のもと生み出される。いわく『形ではない。まず食べてほしい特別の人に一番先に口にしてもらいたい!!』ただその一念で土に向かう。こんなにも強い思い!!　『道学コン』の生みの親の一人である塾長が今後更に何を考え生み出すか、期待と注目は大きい。

北海道学力コンクール（道コン）

創業者

高垣《たかがき》 隆一《りゅういち》 さん

●

〒060－0007
札幌市中央区北7条西20丁目1－8　SKビル

――高垣先生が「北海道学力コンクール」（道コン）を開始したのはいつですか。

高垣　１９８５年（昭和60年）でした。37歳の時です。

――それまでは何をなさっていたのですか。

高垣　一般企業に勤めたり、喫茶店経営をしたり、塾に勤めたり、色々やりましたね。

――塾では、実際に教えていたのですか。

高垣　英数国を教えていました。教える傍ら、教材やテストを作ったり、営業もしたりしました。そのうち自分は教えることよりも教材作りに向いていると感じました。それで学習塾から道コンの方に軸足を移しました。

――そして30年。塾業界は変わりましたか。

高垣　30年前に存在し、今残っている塾は1～2割くらい。30年で8割から9割が消えました。

――私立高校は昔と比べてどうですか。

高垣　昔は生徒数が多くて高校は少なく、公立高校に行ける子は40％くらいしかいなかった。だから私学は何もしなくても生徒が集まった。定員充足率に何の心配もなかった。今はそうはいかない。昔と同じように公立のおこぼれで生きていこうとする私学は大変でしょう。

――塾と学校の違いは何でしょう。

高垣　10年くらい前かな。偶然、あるテレビ番組を見ていたら、公立学校の教員と塾の先生が集団討論している場面があった。公立の熟年の女性教員が塾の先生に向かって、

「あなた方と私達との決定的な違いは、あなた方はお金を取って教えていることです」

と言った。その時、分かったと思った。公務員の考え方が分かった。公務員の報酬にも教えることへの対価が含まれています。だから、こう反論できる。

「あなた方だってお金をもらっているでしょう」

その認識が公立学校の先生には欠落している。

――それは私学の教員にもいえますね。私学についてはどのように見ていますか。

高垣　反公立の気概が足りないのではないか。私学が公立と同じことをしていては、月謝が高いだけの学校になってしまう。それにもかかわらず特に北海道は公立の真似をしている。例えば、私学が公立退職者を「天下り」させたりするのはどうかと思います。

――私も私学に勤めていたのですが、公立から来る管理職を「落下傘部隊」と呼んでいました。これは私学の教員のやる気を削ぎますね。

高垣　それでは公共事業の下請け会社と同じことではないですか。私学の存在理由がなくなる。例えば多くの私学は公立と同じ方式、内申点と当日点の合計で合否を決める。これでは私学として意味がない。

もっというと、内申制度の柱である絶対評価は何を評価しているのか、曖昧です。テストの点か、学力全般なのか、態度なのか、先生の勘なのか。分からない。そういう曖昧な評価を全面的に入試の合否に使うべきではない。

まして思春期は人間がどんどん変わっていく時期です。1年前、2年前に通知表が「1」だったから入学できないなどというのは全くおかしい。非科学的ですよ。私学には独自の判断があってよい。

――公立と私学のあり方についてどう思われますか。

高垣　私学の団体は公立の入学者枠を少なくするように運動しています。それを全面的に否定はしませんが、公に依存するのは先ほどのおこぼれ頂戴の発想です。反公立の気概がない。優秀な生徒こそ私学を目指すという流れがあるべき姿だと思いますね。

むしろ公立は、落ちこぼれでも不登校でも全部受け入れます、お金がなくても入学させますというのが本来の役割だろうと思います。今は逆になっています。私学としては生徒が来たくなるようなクオリティーを生み出す必要があります。それができない私学は生き残るのは難しいのではないでしょうか。

——先生の死生観について教えてください。

高垣　私は無神論者だと思います。そういう大問題は「死んでから考える」で、よいのではないですか。

得意のスキーで

——座右の書は何ですか。

高垣　特にないですね。10冊挙げろと言われれば挙げますけれども、特にこの1冊という本はないですね。

——尊敬する人物はどなたですか。

高垣　特にないですね。

——私の印象ですが、先生はどこか冷めていますよね。

高垣　女房にはよく、「切って捨てるような言い方は止めて」と言われます。結論だけ言う。「そんなこと考えたってしょうがない」とか言う。だから、そういう風に見られるのかな。社員もそう思っているのだろうな。短く言い過ぎてしばしば誤解を招くから。無意味で、意味不明なことが嫌いでね、若い時から。昔、「正確に話そうとしているでしょ」と言われて嬉しかった。

新聞の社説などは、時々腹が立ちます。意味不明で結局何も言ってないではないかと。朝日新聞の慰安婦問題報道も腹が立ちます。卑怯だと。

——そういう言い方で損をしたことはありますか。

高垣　たくさんあります。しかし得したことも、同じくらいあるのではないかな。信用してくれる人もいる。適当な話をしても信用してくれませんからね。ズバッと言った方が得することもある。
本を売るなどというのは単純な仕事ですよ。「良かったら買ってください」と言うしかない。使ってみたら分かるわけですから。拝み倒して買ってもらうという商売はしたくないと思う。「良ければ買ってください」。それ以外何もない。良い物を作らないから売れない。売れなければ、売れるように良い物を作れと社員には言っている。

——塾もそうですか。

高垣　良い塾かどうかは生徒が決める。塾の先生が決めるわけではない。生徒が嫌だと思えば塾は流行らない。学校よりも塾の方が「罪」が軽いと思うのはそこのところですよ。義務教育では生徒は学校を選べませんから。
良い塾は生徒がたくさん来る塾。生徒が来ないのに良い塾とは言わない。良い塾は勝ち残る。商売は何でもそうでしょうが、5年くらいなら割とうまくいったりする。時の勢いとか、物珍しさとかで短期的にうまくいく。短期的なら表紙を変えるだけでもやれるから。しかし10年、20年、信頼を得て残っていれば、間違いなく良い塾でしょう。長く売れ続ける物は間違いなく良い物と言えるでしょうね。いつの間にか劣化するということもありますが。

——2009年（平成21年）に社長を退きましたが、どうしてですか。

高垣　その前から社員には公言していました。予定通りやっただけです。一生を、商売だけで終わるというのもさびしいことではないですか。
会社を経営することは、楽しいこともあるが煩わしいこともありますよ。いつ、何をやってもよいという自由な身分になってみたいということですよ、最後くらい。

◎コメント

浦昌利《うらまさとし》
関係　株式会社進学舎・代表取締役

「匠のDNAは受け継がれています。」

進学舎入社以来かれこれ20年以上のお付き合いになります。この間、私のロールモデルとして様々なものをインストールさせていただきました。時にオブラートに包まれることなく放たれる言葉に面食らうこともしばしばでしたが、それは「誠実」の表れなんですね。立ち位置が変わった今、良い修行をさせていただいたと感謝しております。

14

札幌近郊の塾長さん

札幌は
受験エリア
です。

トランスクール

エリア長・教室長

岩崎《いわさき》 裕樹《ひろき》 さん

●

〒053－0044
苫小牧市音羽町1丁目15－18

――岩崎先生がアイスホッケーを始めたのは何歳からですか。

岩崎　0歳からですね。目の前にリンクがあるというのが幼い記憶にあります。2歳上の兄と一緒にリンクで遊んでいたのが原風景です。

昔は苫小牧市内のすべての小中学校に手作りのリンクがありました。夜中に保護者が木枠を正方形に組んで雪を踏み固め、水を数回撒いてリンクを作ります。町内会でも作りました。市内あちこちにリンクがあり、物心ついたころからそこで遊んでいました。

小学校4年でジュニアのクラブチームに入部できるのですが、驚くことに当時は入団テストがあったのです。体力テストと面接に合格し、チームに入ったところから私のアイスホッケー人生が始まりました。

――中学時代の部活の思い出は何でしょう。

岩崎　苫小牧市内の明倫《めいりん》中学に入学し、中1の時からレギュラーでした。中2からキャプテンで、顧問の先生に「先生が顧問だったら勝てないので顧問を辞めてください」と直談判し、校長にも直訴しました。そのころから、自分が正義だと思うとすぐ行動に走る直情的なタイプだったようで、今でも上司に楯突いて独走する傾向があります（笑）。

ただ、その明倫中学は弱いチームでした。中3の時の中体連は最下位からのスタートでしたが、回を重ねるごとに上に進み、最後の決勝戦では、残り数秒で得点し、優勝しました。新聞に大きく載りましたね、「ミラクル明倫」と。

高校は駒沢苫小牧高校と決めておりました。しかし中学校内でのスポーツ特待の選考で多くの先生の反対に遭いました。その時、あの顧問の先生が頭を下げてお願いしてくれて、お陰で特待生となったとのことです。あんなひどいことを言った私を顧問の先生が救ってくれたわけです。

――そうして入った高校をわずか2カ月で退学してしまう。

岩崎　入学してすぐのゴールデンウィークに、日本のアイスホッケーの少年選手を集め、カナダに留学させるというイベントがありました。カナダに欧米のメジャーリーグのような世界最高峰のチームを作るということでした。苫小牧でトレーニング・キャンプがあり、そこでスカウトされ、カナダに行くことになりましたので高校を中退。

電子黒板のある教室で

その年の8月にカナダへ発ち、向こうの高校に留学しました。高校卒業後もカナダで、アイスホッケーのみの専門学校で学び、19歳で帰国し、栃木県にある「HC栃木日光アイスバックス」というプロチームに入団しました。しかし、1年で戦力外通告を受け、苫小牧に帰りました。

――普通の高校生では考えられない人生を歩んで来たのですね。英語は話せたのですか。

岩崎　1年目は全く話せませんでした。買い物をしてスーパーのレジで色々質問されても「イエス、ノー」だけで通しました。2年目から少し話せるようになり、3年目にはチームのキャプテンになりました。世界10カ国の選手がいる中でのキャプテンでした。

――すごいですね。日本の中学校でもキャプテン、カナダの高校でもキャプテンですね。

岩崎　人の前に立つ行動力は、実は小学校4年の時に育まれたものなのです。友達4人と自由研究で訪れた科学センターで、職員の方が「君はすごくリーダーシップがあるね」と言ってくれました。その一言がその後の私の人生を決定づけました。自分は皆の先頭に立っていいのだという意識を与えてくれたのです。大人の何気ない一言が子どもに与える影響力に今更ながら驚いています。

それと先ほどの戦力外通告の話も塾生にはよくします。プロ選手になるのは、能力のある人の中でもさらに非常に限られた人しかなれないが、そのような人でさえ戦力外を通告されるのだよと現実の厳しさを教えています。

――苫小牧に帰った先生は別な塾を1年経験した後、トランスクールに入ります。ようやく本題の塾の話ですが（笑）、後藤社長とはいつごろからの知り合いですか。

岩崎　中1の時からです。アイスホッケーをやっていると塾へ通う時間がありません。ところが、その塾では夜の10時からでも補講をしてもらえるということで行きました。

当時担当していたのが今の後藤社長で、とにかく楽しかった。成績が上がると喜んでくれ、勉強することに楽しさを感じました。教え方が分かりやすく、モチベーションを上げてくれました。塾のクラスがファミリーみたいになり、先生と一緒にキャッチボールをしたり、先生が試合を見に来てくれたりして、先生がいつも私に寄り添ってくれているのを感じました。

小学時代の科学センターの職員の言葉、中学時代の後藤社長の影響などから、子どもに教える仕事を職業に選んだように思います。

――塾名のトランスクールはどんな意味ですか。

岩崎　改革という意味のトランスと、格好良さを表すクールを組み合わせた造語です。堀塾長の発案です。教育業界を格好良く改革しようとの意気込みからです。今年（2014年）で7年目になります。

――どんな会社ですか。

岩崎　一言でいえば、自由です。やりたいようにやらせてもらえる。皆で話し合って、企画し、「やります」と言えばやらせてもらえる。自分達で改革していける。当然、後藤社長や堀塾長の決済は必要ですが、簡単なプレゼンで動ける。

　社長も塾長も社員にやらせて成長させるという実践スタイルなので、まずは自分でやってごらんと言い、壁があれば乗り越えるアドバイスをくれる。が、失敗すると「やっぱり駄目だっただろう、我々もやったことあるんだよ」と言われます。だったら私達がやる前に言ってよと思うが、

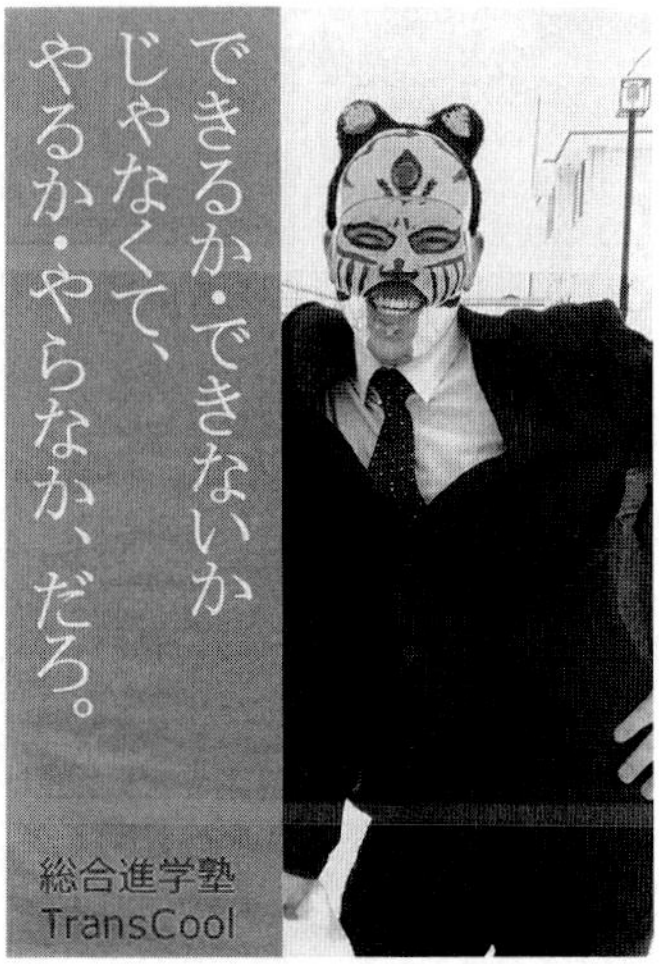
できるか・できないか
じゃなくて、
やるか・やらなか、だろ。
総合進学塾
TransCool
塾のチラシにも登場

それでは私達が成長しないのでしょうね。うまいやり方だと思いますよ。

　社長からは、独立するなら幾らでもしていいよと言われます（笑）。しかし、話し相手がいなくなるのは寂しいので独立したいとは全く思いません（笑）。

　苫小牧で１番の塾にしたいというのが夢です。札幌への全面進出も考えています。現在札幌に１教室、苫小牧に４教室の計５教室あります。全教室に電子黒板があり、全部で８台。社長含め正社員は７人。教室長は１教室に１人常駐です。

　毎年秋に実施する進学説明会には中３の塾生が１００人以上集まります。保護者も参加するので市の会館を借りて行います。入試制度の説明会ですが、９月ならまだ受験に間に合う時期です。夢を与えることで、火が付いた子はぐんぐん伸び、劇的に変化します。そういう子を作るための説明会です。今年は私も話し、火付け役をやりました。

――岩崎先生と話すと、伸びる塾というものの本質が見えてくるようです。当分アイスホッケーはお預けですか。

岩崎　私が塾に入社した時、やはりアイスホッケーをやりたいと駄々をこねました。実は社長も大学までアイスホッケーをやっていたのです。それで社内にチームを作り、市内の社会人リーグ「苫小牧ビアリーグ」に登録しました。リーグは全部で17チームあり、登録選手は数百人います。うちのチームはその一番下のD級で、その中の一番下の6部に入っています。

塾内には、私の所属するAチームと、社長の所属するBチームがあり、Aチームは2大会連続で優勝しました。試合は夜の9時、10時、11時からのスタートで、深夜にアイスホッケーをやっています。塾も、アイスホッケーも存分に楽しんでいます（笑）。

◉コメント

金子昭博《かねこあきひろ》
苫小牧市立和光中学校・教諭
関係　中学時代の部顧問

岩崎君は中学時代、アイスホッケー部に所属。何事にも愚直なまでに真っすぐに向き合う人柄はそのころから。キャプテンとなった3年の春、1年間の部の方針で議論となった。時間も忘れ、とことん話した。きっと今でもその真っすぐさで生徒と向き合っていることだろう。自分自身が納得いくまで、決して妥協をしない、それが岩崎裕樹という人です。

個別対応塾
Orbit（オービット）

塾長

小林 真《ま》美《み》さん

●

〒061－1121
北広島市中央3丁目1－3　大谷木材ビル2F

——小林先生は、元々小学校の先生で、学級崩壊の立て直しを経験しています。

小林　ええ、ある小学校の6年生の副担任となりました。前年度からすでに授業が成立していない状態で、新しく担任していた若い先生も臨時採用で、授業を妨害する子どもの側をひいきすることで何とか学級を動かしている状態でした。席順すら騒ぎを起こす子ども達が勝手に決めていました。

私が副担任として赴任してからは、学校長の判断で算数と音楽以外はすべて私が指導することになりました。担任に相談した上、くじ引きで席替えを行い、騒ぐ子ども達を離しました。翌日学校に行くと元の席に戻っていました。問題の子ども達が担任に直談判したからです。

問題の子ども達は勉強が苦手でしたので、休み時間や放課後に一人ずつ呼び、個別にゆっくり指導しました。勉強ができるようになれば、段々騒ぎがなくなります。

その6年生を卒業させた翌年、昨年まで騒いで問題を起こしていた中心メンバーの子が中学校の教科書を持って勉強の相談に来てくれました。その時、子どもって素晴らしいと教育に携わる幸せを感じました。

——臨時採用なのにその後は3年生の担任をしたのですね。担任を持ったのは1年だけですか。

小林　産休の先生の代わりの臨時採用でしたので。その1年間は本当に充実していました。任期が切れる前に次の勤務先を紹介されましたが、家族の転勤が決まり、お断りせざるを得ませんでした。その時、家族の転勤ごとに自分自身の人生設計が変更されることに漠然とむなしさを感じ、鬱状態に陥っていきました。通院もしましたが「鬱の治療は時間がかかる」と言われ、環境を変えることを勧められました。地元に戻り、近くの観光牧場で美しい景色、優しい人々、動物達に囲まれ癒されました。鬱の症状は少しずつ軽くなり、もう一度教育業に挑戦しようと個別指導の学習塾の採用試験を受けました。

――全国展開している塾で、先生が教室長として働いたわけですね。

小林　そうです。当初は塾生20人足らずでした。そこで、成績が非常に低い一人の子どもと出会いました。5教科300点満点のテストの合計点は20数点。相談にみえたのが中学3年生の11月でした。

漢字を一文字として捕らえることが難しく、例えば「暑」という漢字を「日、土、／、日」という部品として捉え、頭の中で組み合わせなければならないのです。識字障害（ディスレクシア）だったのです。

私は親子に言いました。「あなたは、自分は勉強できない、頭が悪いと言っていたけれどそんなことはありません。他の人と文字の見え方が少し違うだけです。今から一緒に頑張りましょう」と。親子はぼろぼろ涙を流しました。

その日から特訓です。テキストの読めない漢字にすべてふりがなを付けました。なぞり書きで漢字の学習ができるよう手作りのプリントを用意しました。問題を解く時には問題文を音読してもらい、それでも内容が理解できない時はその問題文を全文書いてもらいました。「視写」と呼ばれるこの作業は、書き写すために頭の中で何度か言葉を繰り返すことになるので、「よく読む」ことが苦手な子の訓練になります。

学習の手順を身に付けると、その子はどんどん自分で勉強するようになりました。学校が終わると毎日塾に来て、4時から10時近くまで自習していました。そして翌春に第1志望の高校を5番で突破することができたのです。

――すごいですね。わずか数カ月ですよ。そして2010年に個別対応塾オービットを開塾します。

小林　5年で塾生100名を突破し、全道1の教室になりました。元々、目標100名と決め、それを超えたら退職して地元で開業したいと思っていました。

——先生は学校と塾の両方を知っています。違いは何ですか。

小林　学校は基本的に子どもの学力や成績は家庭の責任という考え方です。学校側は問題があれば指導という形で、親にこうしてくださいと注文を付けることができます。親子はその指導が不満だからといって他校に移ることはありません。

塾は子どもの成績に責任を負います。通塾の選択権は家庭が持っています。「サービスを受ける子ども」と、「対価を払う保護者」の両方に納得し、満足し、感服してもらえなければ子どもを預けていただけません。もし結果に不満なら子どもは退塾し、塾の規模はどんどん縮小します。塾の実力の差がはっきり出ます。塾の難しさであり、やりがいでもあります。

——気を付けているのは何ですか。

小林　子どもの生活をトータルにサポートしないと成績は伸びません。学校や家庭に悩みがあると勉強どころではなくなります。塾が「入試の傾向と対策」だけを研究していればよい時代は終わったと思います。塾全体の進学実績よりも、子ども一人ひとりが最大限の可能性に到達できたかどうかが重要です。生徒理解のために最も重要なことは子どもの背景を理解することだと考え、学習相談には時間をかけて取り組んでいます。

——先生は北広島市が主催する「町を好きになる市民大学」という講座に参加していますが、どんな内容ですか。

小林　北広島エコミュージアム構想に基づき、地域の歴史・産業・自然・文化などを学ぶ講座です。地域密着型の塾を目指すなら、地域について理解して生の市民感情を知りたいと思ったからです。

——何か動物を飼っていますか。

山羊の散歩

小林　犬5頭を飼っています。その内3頭は保健所でいただいてきました。あと山羊の母娘もいます。一緒に塾を経営している夫と、動物達の散歩に行くのが日課です。近所の方々とも動物を通して交流しています。

――ご主人も塾に携わっていらっしゃいますね。

小林　主人には教室長として一緒に働いてもらっています。主人の父も夕張市で長年塾を経営していました。主人も元々は、超進学塾で集団指導をしていました。当初は、塾生の指導法や塾の運営について意見が食い違い、何時間も議論する日がありました。5年たった今では良き理解者で、ありがたい存在です。

◉コメント

小《こ》林《ばやし》礼《れ》央《お》
教室長
関係　夫

当塾の塾長は情に厚い人です。普段の指導はもちろんのこと、家出してしまった塾生を夜遅くまで探し回るなど、塾の範疇を超えていると思う出来事がよくあります。反面、塾生や塾生のお母さんや講師達が、辞めて何年もしてから進路の報告や家庭の心配ごとの相談をしに来るのを見ていると、それがこの塾長の魅力なのかも知れないとも感じています。

学習工房　幹《みき》

塾長

市場《いちば》 義朗《よしろう》 さん

●

〒069－0826
江別市あさひが丘13－16

――市場先生は塾での勤務が長いですね。最初に入られたのが、あの有名な英進学院で、中村亨《とおる》学院長がおられた。

市場　私が入社した時の英進は札幌以外にも旭川、江別、北広島に教室があり、塾生2000人はいたと思います。中村学院長は小柄な方でしたが、インパクトがあり、カリスマ性を持った人でした。講師の先生方は年齢的に私より上の方ばかりで、私のような若い新参者は隅の方で小さくなっていましたね。中村先生は、そんな私にも分け隔てなく声を掛けてくれ、偉ぶった様子はありませんでした。講師全員を集めて朝まで話をすることがあり、話の内容はもう忘れましたが(笑)、すごくパワーのある人だなという印象は今でもあります。

――8年後、英進を離れ自塾を立ち上げた。

市場　同じ英進にいた友人と一緒に開塾しました。友人が代表で、私が副代表。最初は英進と同じ集団授業形式で教えていたのですが、どうも生徒の実態と合わないと分かり、「コーチング型個別指導」に変えました。集団から個別に転換したわけです。しかし私自身はそれでも納得がいかないものがあり、友達と別れて江別に「学習工房幹《みき》」を開いて独立しました。

――塾名の由来を教えてください。

市場　「知性が集まる場」をイメージして名付けました。それと生徒の口に上りやすい言葉を探して、「幹」なら「ミキジュク」と言ってくれるかなと思って決めました。これは正解でしたね。生徒は「ミキジュク、ミキジュク」と言ってくれます。

――どんな塾を目指したのでしょう。

市場　集団指導でも、個別指導でもない、自律指導の塾です。生徒が自分の目標を定め、それに向かって自学自習するスタイルです。先生の方から積極的に教えることはありません。だから外面的にはただ自習しているだけに見えることでしょう。

生徒は、なぜその目標でなければならないのか、そこに到達するには何をどのくらい勉強する必要があるのか、では今何をしなければならないのか、すべて自分で考え、計画し、自己管理しながら勉強していきます。見た目には自習です。しかし自分をそこまで持っていくにはかなりの努力とレベルアップが必要です。

――「幹」となってから10年が経ちます。今はどんなことを考えていますか。

市場　塾長として「わがままな塾」にしたいと思っています。今までは企業的な発想から規模や売り上げにこだわってきましたが、これからはそれらを全部捨て、自分自身の欲するところを追求したいと思っています。これまでは集団指導、個別指導、そして今の自律指導と試行錯誤してきました。今は自律指導の形が良いと思っていますが、もっともっと完璧な指導法を追求し、自分の納得のいくところまで、わがままに塾運営をしたいと考えています。ごく少数の人の支持さえ得られれば、それでいいと思っています。分かる人が分かってくれたらいい。究極の塾を目指していきます。

――（インタビューの途中、生徒がどんどん教室に入ってくるので）どうしましょう、一端、インタビューを止めますか。

市場　大丈夫です。続けてください。生徒達は慣れています。自分で自分の勉強をするだけです。生徒が勉強する横で保護者面談をすることもありますから。

――では続けます。先生の人生は塾一筋ですが、ここまでやってきた感想を聞かせてください。

市場　最近、私は「生涯塾人」という言い方をしています。ようやく塾の楽しさに気づいてきたのです。塾は良い仕事だな、ありがたいなと思うようになりました。それほど利益の上がる職種ではありませんし、あちこちに卒塾生がいるのでプライバシーもありません。でも一生やりたいと思っています。そういう意味で「生涯塾人」で、一生塾をやり、塾を究めたいと思っています。

気になるのが、勉強をさげすむような風潮があることです。勉強するのが格好悪いことのように言われる。これは変です。勉強や教育が大事なのだということをもっと大きな声で言っていいはずです。

――（塾生は皆自分のブースでものも言わず、ひたすら勉強をしている）生徒達は、静かですね。

市場　塾生は自分が今、何をしなければならないか知っているから、こちらがあれこれ指示しなくてもやります。これが自律学習です。

◎コメント

佐藤佑持《さとうゆうじ》
共律塾・塾長
関係　同業者

市場先生とは、同時期に開塾した関係で、10年のお付き合いになります。塾に関して全くの素人だった私に、基本的なノウハウを教えてくださいました。以来、模試や合宿を共同で行い、お互いの長所を活かしてここまでやって来られたと思います。市場先生の生徒に対する熱い想いを少しでも受け取れたらと、日々研究している所です。

進学塾シード

会長

堀口 裕行《ひろゆき》さん

●

〒047－0032
小樽市稲穂2丁目18－6　シードビル

——堀口先生はなぜ北海道に来られたのですか。

堀口　私は佐賀県の人間で、1浪して東京お茶の水の駿台予備校に通っていました。ところが目指している大学が受験まであと1カ月というところでいきなり入試が中止になりました。今では考えられないことですが、当時は全共闘を中心に学園紛争が全国各地の大学で行なわれていた影響でした。まさか入試が中止になるとは夢にも考えていませんでした。いきなり梯子を外された形になり、2浪するかそれとも他の大学を受験するかの選択をしなければなりませんでした。

駿台予備校の寮が千葉の下総中山にありましたが、同室の4人の仲間と結論を出せぬまま東京神田の古本屋街をぶらぶらしていた時、ある本屋さんの店頭に並べられていた受験雑誌『蛍雪時代』の表紙に目が釘付けになりました。その表紙には、ポプラ並木の向こうに雪原が広がり、手稲山から伸びる夕日のオレンジロードの中を白馬に乗って行く女性が写っていました。「ここだ」と直感的に決めました。

それが北大だったのです。4人のうち高知出身の寮生と私が受験しました。受験科目が多いことを後で知ってあわてましたが、何とか合格できました。

——ということは、九州から北海道に来たことになりますが、来てみて実際北海道はどうでしたか。

堀口　身寄りも知り合いも皆無だったので、まずは北大恵迪寮《けいてきりょう》へ行って、その内部を案内してもらったのですが、驚きました。とにかく汚い。床とベッドが同じ色、顔を洗う洗面器でご飯も食べる、トイレは窓から。行く当てがなかったら最後はここかと思いつつ、必死で下宿を探しました。何とか手稲に1軒ありました。「手稲駅は札幌駅から3つ目の駅」と聞き、東京の感覚で近いと思ったら（当時は琴似駅の次が手稲駅）、汽車で30分もかかりました。

1年目の冬はお金がなく、ストーブなしで過ごしました。部屋の中はマイナス10度くらいで、万年床が白く凍っていました。

――そんな寒い所で眠れたのですか。

堀口　それが、最初はものすごく冷たいのですが、10分も経つと布団がぽかぽかと、すごく暖かくなるのです。経験しないと分からないと思いますが。

――大学はどうでしたか。

堀口　入学してから2カ月で全共闘による学内封鎖がありました。その後2年間はまともな授業はありませんでした。私は親の倒産などの影響で仕送りがなく、アルバイトと奨学金で生活していました。泊りがけの工事現場などを含め、アルバイトはおよそ50種類経験しました。ですから少々の貧乏や肉体労働は今でも十分耐えられますよ。

――塾のアルバイトもありましたか。

堀口　やりました。夏冬の講習会などをやっていました。塾はあくまでアルバイトとしてやりながら、司法試験の勉強をしていました。

――えっ、先生は文学部ですよね。

堀口　文学部を卒業してから、弁護士になろうと思って独学で法律の勉強をしていました。当時の司法試験は今と違って合格率2パーセントの超難関試験でした。試験は5月から9月まで、短答、論文、口頭試問の三次の関門に分かれていました。最初の短答式試験の倍率は15倍程度でしたが、受験1年目から運よく通ったことが悲劇の始まりでした。試験を甘く見てしまい、その後論文試験で11回落とされ、34歳でこの試験から足を洗いました。その間、精神的に参ってしまい病院通いもしました。

――どうやって乗り越えたのですか。

堀口　医者からは完治するのに1年くらいはかかると言われました。精神的に相当苦しかったのですが、自分を見つめ直す良い機会でもありました。大学の図書館で偶然目にした本が私を大きく変える出会いとなりました。それは鈴木大拙全集の中の、ある一節の文言でした。

「現代人は絶対的現在に生きていない。過去の出来事に引きずられ、未来の不安に怯え、今ここという絶対的現在に生きていない」と。

自分のことを指摘されたような感覚になり、それ以来禅の道に魅了されました。その間、木村清満老師（函館龍宝寺の住職・他界）と出会い、十数年間老師に参禅指導していただく中で、本当の自己に会うことができました。私の尊敬する唯一の人です。

札幌マラソン後、全員で

――本格的に塾を始めたのはいつからですか。

堀口　小樽で自塾を立ち上げたのは１９８３年（昭和58年）です。33歳の時です。その5年後に塾名を今の「シード」に変えました。最初は塾という仕事に誇りを持てませんでしたが、40歳の時に塾の仕事が私の天職だと思えるようになりました。

――そのように変わったきっかけはありましたか。

堀口　自分の子どもを入塾させたことがそのきっかけになりました。私が塾生に勉強のこと、人生のことなどを真剣に話している状況の中にわが子もいるというシチュエーションはほとんどの父親は作ることはできません。仕事で疲れ果てた父親の姿ばかりを見せることが普通なのに、塾は仕事を通してわが子の教育もできる素晴らしい職業だと分かったのです。

しかも、私の塾は私の生きるエネルギーを生徒にぶつけ、生徒からもエネルギーをもらうという、かなりダイナミックな塾でした。年に2回は勉強合宿と称してニセコなどで3日間、勉強したり、遊んだり、スポーツをしたり、語り合ったりしながら過ごしました。年齢の離れた人間同士、同じ場所で同じ時を過ごし、互いにぶつかり合いながら成長していく。塾生の一員としてのわが子と真剣に向き合える塾の仕事を天職と言わずして何と言うのでしょう。

――学校と塾との違いは何だと考えますか。

堀口　学校の先生は資格があれば基本的に誰でもなれます。生徒を増やすことも、成績を伸ばすこともあまりこだわらなくてよい。しかし、塾の場合は生徒や親御さんに対して、人間的に訴える魅力と成績を伸ばす実力がないとやっていけないし、その能力がないと仕事としても面白くないと思います。

――私はよく「学校3年、塾1日」という言葉を使います。学校に入学した生徒は3年、約千日は学校にいる。しかし塾は、入塾しても気に入らなかったら1日で退塾する。塾は学校より千倍しんどいのだよと。

堀口　私の場合は講師の研修時に、「塾の仕事は自分の生き方を持って自分の生き様を生徒にぶつけていくことだ」と必ず言います。塾生も親御さんも色々で、それぞれのニーズに応えなければならない。自分の生き方を持たない人はここで潰れてしまいます。ある人はそのニーズに右往左往し、またある人はニーズを無視して上から目線で対応してしまう。前者は精神的に、また後者は生徒の信頼を勝ち得ずに潰れてしまいます。

塾の先生は自分の生き方と理想を語る力がなければいけない。なぜなら、生徒の側にその原点が植えつけられた時に初めて真のやる気と真の学力が身につくからです。子ども達の心を育てる中で勉強の仕方を教えることが塾本来の仕事だと思います。

そして勉強の仕方とは勉強をする目的、頭の使い方、授業の聞き方、ノートの取り方などを指導することを意味します。学校の役割は勉強をしっかり教えることに特化したらいいと思います。

――塾が日本で拡張し始めた1970年代には、塾が試験勉強を煽って、学校の人間教育を阻害していると批判されました。今、先生がおっしゃったことはそれと逆ですね。

堀口　そうです。知識は学校でいくらでも教えられる。うちの塾では、自分の頭で考え、自分の意思で行動する、いわゆる自立を教えています。単なる知識の羅列や詰め込みではなく、自分の頭で考えて結論や解答を出す力を養うことに主眼を置いています。社会に出たら自分の頭と意志と行動だけが頼りになるからです。

――先生の場合、来道1代目になるのですが、今の北海道をどう感じておられますか。

堀口　佐賀県で中学時代にキリスト教会に通っていた時期があり、その影響で高校時代に内村鑑三と新渡戸稲造を読みました。彼らの志がなぜ札幌で生まれたのか知りたくて、大学に入ってすぐに彼らが作った「独立教会」を探しました。在りませんでした。

北大の多くの先輩達と話しましたが、先人の影響を受けている雰囲気は全くなく、がっかりしました。今の北海道も基本的には変わりはなく、パイオニア精神は感じられません。九州の福岡あたりと比べても、活気がなく自立の精神に欠けていると感じています。

――今の塾についてはどうでしょう。

堀口　昔、ボストンの坂井脩一先生などが中心になり、北海道私塾連合会（北私連）という組織を立ち上げたことがあります。全道から40～50軒の塾が集まり、泊りがけで年2回、塾の在り方や成績の伸ばし方などを中心に喧喧諤諤の話し合いをしておりました。最近はそういう集まりもなく、塾生をどう集めるか、点数をどう取らせるかだけに関心が向いています。塾は一体何の仕事をしているのかという根本の理念がほしいですね。

――社長が堀口先生から石川先生に変わりました。

堀口　経営面は石川に任せています。私の仕事はそれとは別のところにあると思っています。子ども達の心を育て、頭の使い方などを教えて真の学力を身につけさせることが私の終わりなき仕事だと思っています。塾の仕事は、やりがいのある仕事です。

――社員全員でマラソンをするそうですね。

堀口　毎年秋の札幌マラソンを走ります。社員やアルバイトを含め全員で走ります。走った後は皆で打ち上げです。私よりタイムが遅い人は「宴会費用は自分持ち」というルールがありますが（笑）。

私はまだまだ走り続けます（笑）。

◉コメント

石川佳功《いしかわよしのり》
進学塾シード・社長
関係　共同経営者

塾長とは、公私の隔てなくお付き合いさせていただいています。一緒にマラソン大会に参加したり、美術館で絵画を鑑賞したり、海外では二人でカヌーにのって無人島へ行ったこともありました。仕事の面では非常に厳しい面もあれば、寛大に見守ってくださるという優しさもあります。お会いできたご縁を大切に、私のお手本とさせていただいています。

15

問題提起の塾長さん

学校がなくなり
塾がなくなり
生徒がいなくなり
だれでも
いつでも
どこでも
無料で
学べるように

マナビー

北海道キャンパス・マネージャー　北大工学部在学中

阿部 侑《ゆう》磨《ま》 さん

●

http://manavee.com/

――阿部先生は野球少年だったのですね。

阿部　小学校1年から高校までの12年間、野球ばかりしていました。地元白石区の野球チームに所属していましたが、結成した当初は部員10人くらいで、よく0対20で負けるような最弱のチームでした。私は、ピッチャーがフォアボールばかり出すので飽きてきて試合中に草むしりをして叱られたり、右バッターなのに間違って左ボックスに入ったりしてよく怒られました。

中学では学校の部活に入り、部員は40人くらいおりました。私は3年間キャッチャーでした。ボールが一番来るのがキャッチャーだし、一人だけ逆向きなのが自分の性に合っていたからです。

――えっ、逆向きといいますと。

阿部　キャッチャーは他の8人とは反対向きに座っていますよね。監督には「お前は皆から見られているからシャキッとしろ」「お前から皆のことが見えるのだから皆をキッチリ把握しろ」と言われました。そういえば学校の先生も逆向きですよね。

――あっ、そうか。そんな言われ方をされたのは初めてだな（笑）。学校の教員もキャッチャーなのか。

阿部　大まかにいうとそうかもしれません。教室って野球チームみたいものです。皆から見られていて、チームの舵を取るのがキャッチャーであり、先生であると。高校では部員が70人くらいで、3年目は主将でした。

――大学進学はどうでしたか。

阿部　部活が終わって家に帰るのが20時30分。それから塾はきつかったので、塾へは通っていません。

高校3年の7月で部活を引退し、塾へ通いました。受験まで200日しかありませんでした。それを言い訳にしたくありませんが、第1志望の北大は不合格でした。第2志望の国公立は後期入試で合格していました。

私は第1志望に落ちたのが悔しかったので「浪人したい」と父に頼みました。しかし父は浪人反対で家族で話し合いとなり、最後に父が「絶対受かるのか」と聞いたので、私は「絶対合格する」と言って浪人を認めてもらいました。合格する自信はほとんどありませんでしたが、1度決心したことを親に変えられるのが嫌だったのかもしれません。

その後、市内の個人塾に通わせていただき、翌年の北大入試では、数学で5問中4問解きました。合格したと確信し、ガッツポーズをしながら家に帰ったのを覚えています。父に「たぶん受かったと思います」と報告したら父は喜んでくれ、お酒を勧められましたが飲みませんでした。

――塾のお陰ですね。そして北大に入り、マナビーと出会うわけですね。

阿部　大学1年の6月にマナビーを知りました。私も参加したいと思い、メールをするとすぐに返信があり、創始者で東大生の花房孟胤《はなふさたけつぐ》に会い、話しました。

見た目はひょろひょろしており、話しながらクルクル回ったりして、どこか所作が面白い人です。ただ、考えるスピードがものすごく早く、経験も豊富。彼は私の3つ上で、たった3歳しか違わないのにこんなに違うのかと愕然とし、尊敬もしました。夏休み明けに北海道に来てもらい、北大で一緒にビラを撒いたりしてマナビーの協力者を勧誘しました。

――そのマナビーのシステムを教えてください。

阿部　マナビーとは「誰でも」「無料で」大学受験のための勉強ができるウェブサイトのシステムのことです。地理的条件や経済的な理由で塾や予備校に行くことができない高校生に対して、インターネットを通して授業の動画を提供し、それを誰でもが無料で見て、勉強することができます。

マナビーの撮影風景

1本約15分の動画が9千本あり、登録ユーザーは現在全国に6万人おります。

このマナビーは東大生の花房孟胤によって2010年10月に創案されたものです。現在、全国約20の大学に「キャンパス」と呼ばれる支部があり、そこでボランティアの大学生が授業の動画を撮っています。それとは別に社会人の方が仕事の休みの日を使って動画を撮影しています。私は今、北海道キャンパスのマネージャーという立場です。

――『予備校なんてぶっ潰そうぜ』（花房孟胤著・2014年・集英社）の題名が刺激的でしたね。

阿部　過激ですよね。読んでみると分かりますが本の内容は花房がマナビーを立ち上げた奮闘記です。私は予備校なんてぶっ潰れればいいとは思っていなくて、マナビーは受験勉強をする選択肢の1つと捉えています。学校、塾、マナビーの中のどれを選び、どう組み合わせて勉強するかは生徒それぞれです。

実は私は現在、塾で講師のアルバイトをしています。宿題として「マナビーの動画の○○と△△を見て来るように」と伝え、次回はそれをもとに授業を進めたりしています。

また、マナビー関係者の中では、「蛇口をひねったら水が出るようにマナビーが1つのインフラになればいいね」という話はします。私もそう思います。大学受験をしようと思ったら、マナビーがあるじゃないかと言ってもらえるようになりたいですね。

――私は「教育は図書館のように」と考えているのですよ。人生のあらゆる場面で教育の機会が与えられ、いつでも無償で、年齢に関係なく勉強できる、ちょうど図書館から本を借りるように学ぶことができるシステムが良いと思っているのです。

阿部　ああ、それはすごくいいと思います。マナビーは今のところ大学受験っていうのをベースに活動していますが、その枠組みの中で新しいことをどんどんやっていければいいな、とは思います。また、受験以外の他の活動も無償で、年齢差を超えて、本当の意味で「誰でも」教育が受けられるといいですね。

――特にマナビーの良さを挙げるとしたら何ですか。

阿部　3つあります。1つ目は自分に合った先生を生徒本人が選べることです。これは学校や塾ではなかなかできません。好きな先生の授業は得意科目になるという経験は誰にでもあると思います。

2つ目は無料であるという点。3つ目は学校や地方では得られない受験の情報を、全国各地の先生を通して得られるところです。

――授業のクオリティーはどう保証しますか。

阿部　1コマは15分と決められています。その中で分刻みの授業計画の作成が義務付けられています。授業の後は毎回反省会を行い、互いに問題点を指摘し合ってスキルアップを図っています。

また、視聴者が動画を一時停止させた場合、なぜ止めたのかのアンケートが表示されます。そのデータを分析して授業に修正を加えていきます。

――阿部先生の場合、マナビーで勉強して大学に合格したのではなく、塾のお陰で合格できたわけですが、それを踏まえてこれからの課題を教えてください。

阿部　私の受験時、マナビーはありませんでした。そしてセンター試験で100点アップしたのも、E判定がC判定まで上がったのも、塾のお陰です。本当に感謝しています。ですから塾を否定的に捉えるつもりはありません。色々な事情で塾に通うのが難しい子は、諦めるのではなく、マナビーを活用してくれればいいと思います。

また、これは北海道の風土かもしれませんが大学選択の時、「道外」という選択肢がないような気がします。道内の大学か、道外の大学かというのではなく、最初から「道内のみ」で、悩みもしないのはもったいないと感じます。マナビーでは全国に先生や他の生徒がいて、質問をしたり、励まし合ったり、コミュニケーションを取りながら勉強できます。そこから北海道の閉鎖的な壁を突破できるかもしれません。

――花房さんはどうしていますか。

阿部　花房はマナビーの第一線からは退きましたがメンバーとして活動しています。社会人として働いてもいます。優先することがあるので、大学に通う時間がなくなってしまったと聞きました。

◉コメント

ばすぷぅさん（本名ではありません）

元マナビー生徒　現在マナビー関係　関係者

以前から自分で「モテる小デブ」と言っている。常に愛嬌のある笑いが絶えないため非常に親しみやすい。相手に笑ってもらおうとするものの、常にウケるわけではないところがたまにキズ。また年間100本の映画を観るとの目標を掲げ、その博識ぶりを磨くことに余念がない。講師としては図を用いた分かりやすい説明に定評があり、講師としての腕も確かである。

特定非営利活動法人
Kacotam（カコタム）

理事長

高橋 勇造《ゆうぞう》さん

●

http://www.kacotam.com/

高橋　会社にいる時間がもったいないと思うようになってしまいました。今の会社で、そのまま働いたらいいというのは分かっているのですが、自分が会社にいる間も子ども達が厳しい状況に置かれていると考えると、できません。その時間を全部、子ども達のために使いたいと思うのです。

――私が親だったらですよ、北大の大学院まで出て会社に勤め、4年経ってなぜ会社を辞めてそんな収入もない活動に飛び込まなければならないのかと怒ると思うのですよ（笑）。ご両親は何とおっしゃっておられるのですか。

高橋　好きなようにしなさいと応援してくれていますす（笑）。

――もう見放されていますね（笑）。無職、無収入になることに不安はありませんか。

高橋　給料がなくなることへの不安はあります。将来の生活設計は何も考えていません。

――そこまで高橋先生を駆り立てるものは何でしょうか。

高橋　自分のせいでもないのに、家庭的、経済的な理由から、学びたくても学べない子がいるのが理不尽だと思うからです。そんな現状を変えたいと思います。

――今の活動のどこが楽しいのですか。

高橋　子どもと直接関わることから得られる楽しさがあります。例えば数学の解法を教えても、子どもは全く違う解き方をしたり、予想もしなかった間違いをしたりします。また児童養護施設からの帰りなどに、子どもから「また来ないの」とか言われます。自分のことを必要とする人がここにいると感じることができます。

また活動をしながら、自分が直面している問題にどうアプローチし、いかに状況を変えていくかを考えながら、行動していることが楽しいのです。

――「考えて、行動することが楽しい」の語頭の音から「カコタム」と名付けたのですね。そのカ

コタムをなぜ作ろうとしたのですか。

高橋　大学院を出て就職してから、児童養護施設にボランティアに行きました。２０１１年のことです。子ども達と関わることはとても楽しかった。しかし色々論文を読んでいくと子どもの置かれた現状が見えてきました。

メンバーと

児童養護施設の子どもの約2割が、両親がいない子どもです。あとの8割はひとり親家庭か両親がいる子どもで、その多くが虐待を受けた児童でした。現在、全国の大学進学率は50%を超えていますが、北海道の児童養護施設では数%しかありません。大学進学という選択肢がほとんどないのです。

施設の子ども達は、自分自身のせいではないのに経済的に厳しい立場に置かれ、さらに家庭内で虐待を受けて育ってきた場合が多いわけです。学びの機会を長年奪われて来ました。やりたいことをなかなか受け入れられなかった子ども達は、仕舞いには何かをやりたいという意欲すら持てなくなってしまいます。これは理不尽です。こうした現状を変えたいと思い、２０１２年1月に学習支援団体カコタムを立ち上げました。

——今、具体的にどのような活動をしていますか。

高橋　スタッフは現在60人おります。学生が40人、社会人が20人です。児童養護施設へ行き、夜9時から1時間30分ほど勉強のサポートをします。場所は施設の応接室、食堂、その子の部屋などです。1対1から1対3くらいの個別指導になります。

——これから会社勤めを辞めてカコタムに全面的に関わることになりますが、どう動いて行きますか。

高橋　まずお金の流れを作りたいと思います。今はただのボランティア団体なので、ＮＰＯ法人として確実なお金の流れを作りたい。

次に活動の幅を広げたい。児童養護施設の子ども達の5割以上がひとり親家庭とされています。ひとり親家庭の子ども達への学習支援をもっと広げていきたい。

3つ目は、人集めです。色々な大学や専門学校へ行き、掲示板にスタッフ募集の広告を出し、また大学の先生の協力を得ながら人集めをしていきたいと思います。

——高橋先生、大学での専攻は何でしたか。

高橋　電気電子工学科です（笑）。

◉コメント

隈元晴子《くまもとはるこ》
関係　特定非営利活動法人
Ｋａｃｏｔａｍ・理事

高橋さんは『静かな成功者』だと、私は思う。どんな時も描いている理想にぶれがなく、着実に実現し続けているところが何よりもすごい。彼の理想はとてもシンプルで、子ども達が今よりも幸せになることと、子ども達との関わりを通じて彼自身が楽しむことだけ。彼の生き方は、欲張り過ぎない人のもとに成功の種が集まることを教えてくれている。

平成遠友夜学校

教頭　学習支援（主宰）　　北大理学部化学科在学中

小山田《おやまだ》 伸明《のぶあき》 さん

●

〒001－0018
札幌市北区北18条西6丁目
北海道大学遠友学舎

――小山田先生は千葉県出身で、一浪して北大に入学したわけですが、高校在学中も浪人時代もほとんど塾には行っていないのですね。

小山田　そうです。夏期講習で少し通ったくらいで、ほとんど行っていません。基本的には自分一人で勉強していました。ただ小中学校の時は近くの塾に行っていました。

――どんな塾でしたか。

小山田　個別指導の塾で、ひたすら演習をこなすだけの塾でした。講師はアルバイトで、熱心さも欠けていました。塾長は、「お前のためを思って厳しく教えているのだ」とよく言っていましたが、結局は塾のためであり、自分のお金のためではないのかという感覚が拭えませんでした。

お金を取って勉強を教えるというのが子ども心にしっくり来なかったのです。家がそんなに裕福ではなかったので親に塾代を払わせるのが心苦しかったのを覚えています。私が中学や高校生の時、塾の勧誘で「一コマ5千円ですが何コマ取りますか」とか、「夏講の講習代は5万円です」とか言われました。予備校のパンフレットが送られてきて1科目何万円とか書いてありました。それって何なのだろうと思いました。教えるという行為とお金ということがイコールになるのはどこかおかしいと感じていました。

教えるという行為は本質的に無償の行為ではないのか、もし自分が教える立場になったとしたら、お金を取らないで教えたいと思っていました。

――小山田先生は一人で勉強し、2013年、北大に合格します。入学して間もなく、「平成遠友夜学校」の活動に関わるわけですが、平成遠友夜学校について教えてください。

小山田　新渡戸稲造が札幌の貧しい子ども達のために開いた「遠友夜学校」が始まりです。新渡戸が1894年（明治27年）に現在の中央区南4東4に設立しました。1944年（昭和19年）の閉校までの50年間続いたわけです。その精神を引き継ぐ形で北大名誉教授の藤田正一先生が2005年に、「平成遠友夜学校」として始めました。毎週火曜日の夜、学生有志や教授、市民が講師を務め、集まった市民に向けて講義を行っています。私はそのスタッフとして関わっています。

――先生が平成夜学校に関わるようになったきっかけは何でしょうか。

教室風景①

小山田　大学に入った年の5月に、大学構内で毎週火曜日の夜にだけ電気がつく建物があり、建物の看板には「遠友学舎」とありました。学生が講義をし、集まった様々の人達がそれを熱心に聞いている場でした。それ以来、私も聴衆の一人として出席するようになりました。

7月ごろだったと思いますが、藤田先生が講義をし、新渡戸稲造の思想と遠友夜学校の歴史をたどりながら、自分達が先人から受けたものを地域の人々に還元しよう、もっと大志を抱いて、人のために何かをしていかなければならないと熱く語ってくれました。幼少時代から、勉強して大学に入り一流企業に勤めるという社会規範の中で育てられた私には、藤田先生の話は非常に新鮮で、感動しました。すぐに平成遠友夜学校のスタッフに加わりました。

――小山田先生はその平成遠友夜学校の中で、高校生を対象とした学習支援の活動を行っているということですね。

小山田　そうです。夜学校が開催される毎週火曜日の夜に、別室で高校生向けの勉強会を開いています。2014年の夏から始めました。発案者は私です。

家庭的に課題を抱えた子、勉強したいのに色々な事情から勉強できない子、教えてくれる人がいなくて勉強の遅れた子などが集まります。生徒は徐々に増えて10名を超えました。これからは、もっと先に進んだ内容を勉強したいという子も受け入れたいと思っています。スタッフは現在4人。すべて北大生で、無償で教えています。1回2時間30分の勉強を週2回やります。

教室風景②

——私も先日学習している場面を見させてもらったのですが、生徒10人もいると部屋の中はいっぱいですね。

小山田　そうですね。もう限界に近くなっています。遠友学舎を出て、札幌駅の近くで開設することも視野に入れて今後話し合っていきたいと思います。

——お金を取って教えることはおかしいと感じていたことが、先生が大学生になって無償で勉強を教えるという形になりました。先生の中での課題解決の一歩といえますか。

小山田　私の心情としては、教えるからにはタダでなければ意味がありませんが、問題は自分の心情だけに留まらないと思います。基本的に、教育と貧困がリンクすることは好ましくありません。しかし現実的にはつながってしまいます。東大の学生の50％が年収1千万円以上の裕福な家庭の子だと言われています。逆に貧しい家の子は大学に行けないという負の連鎖があります。これをどうしていくか。

さらに夜学校の話とは別に私個人の活動として、学習塾におけるブラックバイトの問題があります。友達の何人かは、塾で講師のバイトをしていますが、病気のため講義を休むと1コマ分の「罰金」を要求されます。また講義が終わって報告書を書く時間は給与に反映されません。塾業界の労働環境は多くの問題を抱えています。

また、札幌市内に100人はいると思われるホームレスの問題があります。別の活動グループで炊き出し等を行っていますが、決して他人事ではなく明日は我が身です。貧困の問題は、これからの日本の大きな問題になると思います。

——先生ご自身の将来の夢は何でしょうか。

小山田　私の専門は化学ですので、環境やエネルギーの側面から世界の貧困をなくす方向で努力したいと思います。

新渡戸稲造が言った「学問より実行」を肝に銘じて頑張ります。

◉コメント

藤《ふじ》田《た》正《しょう》一《いち》
北海道大学名誉教授
関係　平成遠友夜学校校長

小山田は北大入学時に特に学業成績が優れた学生のみが入学できる新渡戸カレッジの一期生である。新渡戸の精神を知り、実践したいと平成遠友夜学校の運営に縁の下の力持ちとして積極的に関わっている。現代の日本の貧困についても学び、遠友夜学校の活動の一環として高校生の学習支援をスタートさせた。謙虚さの中に熱い情熱を秘めた男である。

あとがき

名刺事件

札幌の私学に勤めてすぐ、学習塾を対象とする学校説明会を開催してもらいました。その学校が塾の先生をお呼びし、自分の学校について説明をするのは開校以来初めてのことであり、はたして何人の塾長先生が来てくれるものかと皆緊張して準備に当たっていました。開会時間の少し前から、塾の先生が集まり始め、少し安堵していた時、受付にいた女性の先生が困った顔をしながら私の所へやって来ました。

――先生、塾の先生方が怒るのですよ。塾の先生に「名刺をください」と言うと、怒り出すのですよ。どうしましょう。――

私は事前の打ち合わせで、塾の先生方からできるだけ名刺を頂戴するよう受付の先生にお願いしてありましたが、受付でその通りにやると塾の先生が怒り出したというのです。名刺を頂戴することは私達生徒募集の担当者にとり、営業上の第一歩です。その名刺1枚から今後の塾とのお付き合いが始まりますから、とても大事な名刺です。その名刺をお願いしてお叱りを受けるとは、いったいうちの先生はどんな粗相をしたのでしょう。状況を聞いてみると、特に落ち度は見当たりません。しかし、塾の先生に名刺を求めると、「持っていない」と言って怒り出すのだといいます。よくあるケースとしては、たまたまその日は名刺を忘れてきて、「今持ち合わせがないものですから」と恐縮しながら謝るということはあります。しかし怒り出すというのはどういうことなのだろう。とりあえず、お客様を怒らすのは良くないので、その時はすぐ、名刺を求めるのを中止しました。

その後何カ月間か塾を訪問して歩く中で、ようやくその時の塾の怒りの背景が分かってきました。多くの塾の先生方は名刺を持っていなかったのです。そもそも名刺を作ったことがないし、名刺を作る必要性がなかったのです。それは名刺をやり取りするような場面がなかったからです。つまり私学の先生が塾を訪問し、名刺を交換して私学の宣伝をするという当たり前の営業活動を私学がこれまであまりしてこなかったから、塾は名刺を作る必要性がなかったということです。だから、ある私学が自分の学校を見てください、学校のことを知ってくださいとわざわざ塾を呼んでおいて、持ってもいない名刺を出してくださいと要求されたことに、戸惑いと反感を覚え、「怒り出した」のです。この背景が分かるまでにかなりの時間がかかりました。

この名刺事件の意味するところは、札幌の私学がいかに塾と没交渉であったかということであり、塾に失礼ですが、私学がいかに塾を育ててこなかったかという証しでもあります。私塾と私学は互いが互いを育てていく互恵関係にあると思います。それを私は関西で学びました。

学校は変わる

私が勤めていた滋賀県の私立学校は、創立当初から数々の問題を抱えておりました。次第に入学者が減り、2002年を過ぎたあたりから学校の教職員は皆、「学校は潰れるかもしれない」という危機感を持っていました。その危機的状況を助けてくれたのが学習塾であり、塾長先生でした。学園は塾のお陰で何とか持ち直し、県内有数の進学校にまで成長しました。

学校は変わります。学校は塾によって変わります。しかし多くの学校は、学校の変革は自分たちの内部から、自分たちの力だけで変わっていかなければならないという「信念」を持っています。塾と協力して子どもを育てようとはなかなか思いません。しかし塾と連携し、塾の知恵を借りながら学校を変革する方法もあるのだということを知ってほしいのです。特に北海道は私塾・私学の連携という面でかなり遅れております。遅れている分、私学の危機的状況も深刻です。私の経験した名刺事件などは過去の笑い話にして、相互の成長を図っていただきたいと思います。北海道の塾も学校も、今やるべきことはたくさんあります。

将来、人は誰でも、いつでも、どこでも学べるようになり、「塾は必要だが学校は要らない」という時代が来るかもしれません。その時には学校というシステムそのものが、否応なく変わっていくのではないでしょうか。

受験生と保護者の皆様へ

塾はどう選んだらよいのでしょうか。少なくとも次の「安近短」は問題があります。①安い塾、②近い塾、③受験直前に短期間行く塾。この選び方は良くありません。本文に何度も出てまいりましたが、塾は子どもと塾長先生との人間的出会いの場です。その出会いのあり方によって子どもの一生が決まるとしたら、安近短はいけません。「塾選びは塾長選び」です。塾長先生のお人柄をじっくり見ることから始めてみませんか。

学校はどう選んだらよいのでしょうか。基本は理念と接遇です。ここでは接遇だけを述べましょう。受験生や保護者の方はできるだけ学校見学会（説明会）に参加し、教職員の動きを観察してください。見るポイントは、ご家庭で大事なお客様を迎える時にどのように接遇するかを考え、それと照合しながら教職員の動きを観察することです。

参加当日は、次の点を見てください。駅や学校への道沿いや駐車場に学校の誘導者がいるか、大声で挨拶をしてくれるか、玄関で出迎えてくれるか、会場まで迷わずに行けるか。障がい者への配慮がなされているか。会場がゆったりとしているか。先生方の服装はきちんとしているか。先生方が全員参加し、緊張感を持って相互に連携して動いているか。校長先生と一般教員の意思疎通はできているか。担当者の説明は分かりやすいか。数字とお金の話ばかりしていないか。会は時間通りに始まり、約束の時間に終わっているか。再度来たいと思わせる雰囲気か。見送りはどうか。以上をしっかり見てください。管理職、教員、事務職員が一体となり、受験生や保護者の方を向いて動いている学校は、社会性があり、課題に対して学校全体で取り組む力を持っています。

50人に感謝

教育の中身に関してはすでに50人の塾長先生が本文の中で詳しくお話ししております。筆者個人としては教育問題以外に、お会いした塾長先生のお人柄と人生を描出したいという思いがありました。塾長先生が北海道へ渡って来てから経験し、体得した人生観、死生観、宗教観を描いてみたかった。塾長先生のお人柄が上手く出ていないとすれば、ひとえに筆者の力量不足のせいです。取材は1人2時間から9時間に及びました。アンケート（64項目）に応えてもらい、事前の打ち合わせを何回か持たせてもらった上でインタビューを行いました。500人以上の塾長先生がいる札幌で、私がお会いできたのはわずか50人です。ご紹介できなかった多くの先生がおられます。残念でなりません。できれば続編のあることを願って、お詫びに代えたいと思います。

長時間の取材にお付き合いいただいた50人の先生方には心から感謝申し上げます。どうぞこれからも元気に塾教育に邁進され、札幌の人々や北海道の人々に元気を分け与えて頂きますようお願いいたします。

北海道の子ども達が、全国最低レベルだとは全く思っておりません。

北海道の子ども達が、「平和をつくる者」として今後大いに活躍されることを祈っております。

2015年8月15日

著者　田村敏紀

掲載塾名・教室名一覧

（地域別・50音順）

郵便番号	住　　所	電話番号	掲載頁
064-0809	札幌市中央区南9条西21丁目5-23　和田ビル	011-532-1959	68
060-0007	札幌市中央区北7条西14丁目28-23　B-105	0120-913621	122
007-0828	札幌市中央区北2条東3丁目2-7-141	011-596-9071	233
060-0004	札幌市中央区北4条西15丁目　ガーデンハイツ西15　1F	011-632-7899	166
060-0061	札幌市中央区南1条西5丁目20　郵政福祉札幌第1ビル2F	011-281-1445	191
064-0809	札幌市中央区南9条西10丁目1-20	011-531-4317	18
060-0007	札幌市中央区北7条西20丁目1-8　SKビル	011-621-2230	245
001-0930	札幌市北区新川713	011-792-0490	201
002-8071	札幌市北区あいの里1条6丁目2-2	011-778-1020	63
001-0901	札幌市北区新琴似1条11丁目1-3	011-764-1730	198
001-0925	札幌市北区新川5条5丁目6-5	011-763-4888	240
001-0040	札幌市北区北40条西4丁目352-10　N40ビル2F	011-708-5321	180
001-0931	札幌市北区新川西1条3丁目11-14	011-766-7224	58
001-0902	札幌市北区新琴似2条12丁目2-2	011-763-6767	73
001-0018	札幌市北区北18条西3丁目1-40	011-728-1121	24
001-0907	札幌市北区新琴似7条12丁目3-39	011-299-9537	106
001-0018	札幌市北区北18条西6丁目　北海道大学遠友学舎	090-1201-7773	286
001-0017	札幌市北区北17条西3丁目2-16　木村ビル2F	011-728-2345	50
007-0836	札幌市東区北36条東16丁目1-15　ベルヴィ新道2F	011-807-9062	134
007-0884	札幌市東区北丘珠4条1丁目15-11	011-787-0717	41
060-0908	札幌市東区北8条東1丁目3-10	011-743-1267	212
003-0027	札幌市白石区本通8丁目北6-1	011-866-5057	112
003-0021	札幌市白石区栄通19丁目4-13　コスモビル2F	011-555-9912	170
003-0002	札幌市白石区東札幌2条6丁目5-1　ターミナルハイツ白石609	011-863-3420	218
003-0025	札幌市白石区本郷通4丁目北8-15　くじらビル	011-868-8808	157

地域	塾名・教室名	塾長名	コメント者名
中央区	学習塾リップル	**油谷　徹**	山本 直樹
	共律塾	**佐藤 佑持**	宇津野 裕亮
	進学研究室	**須藤 真臣**	小林　豊
	スクールIE札幌桑園校	**小野木 崇**	四ッ柳 奈緒
	能開センター大通校	**関口 和宏**	高橋 きよみ
	ボストン	**坂井　浩**	田村 敏紀
	北海道学力コンクール（道コン）	**高垣 隆一**	浦　昌利
北　区	学習空間シグマゼミ	**八反田 亮平**	福島 新四郎
	學斗	**宮前 圭吾**	万木 京子
	慶学館　新川学舎	**佐藤 良将**	柳谷 正富
	研進図書	**白浜 憲一**	小笠原 隆
	個別指導Axis麻生校	**北上 丈生**	河西 良介
	札幌進学ゼミナール	**山田 光仁**	川上 真司
	札幌新生塾	**川上 真司**	山田 光仁
	しどう会	**小西 琢生**	小西 道代
	新琴似　堀塾	**堀　哲**	荻野　創
	平成遠友夜学校	**小山田 伸明**	藤田 正一
	北大家庭教師センター	**吉村 幸博**	松浦 孝明
東　区	学習塾ペガサスほか	**江渡 裕子**	今井 智美
	至成学習館	**寺西 宣弘**	結城 昌博
	フリースクール　札幌自由が丘学園	**杉野 建史**	新藤　理
白石区	向學塾エルサポート	**冨澤　純**	佐々木信次郎
	個別学院アシスト札幌校	**原　正道**	杉山 圭子
	童夢学習センター	**実平 奈美**	宮崎 順一
	パシフィック・セミナー	**北山 義晃・麻愛**	池田　晃

郵便番号	住　　所	電話番号	掲載頁
003-0832	札幌市白石区北郷2条4丁目2-17　N43　INAビル2F	011-595-8394	205
003-0833	札幌市白石区北郷3条4丁目10-15	011-873-4820	46
004-0014	札幌市厚別区もみじ台北2丁目2-1	011-897-2525	138
004-0054	札幌市厚別区厚別中央4条3丁目5-5	011-893-2513	86
004-0072	札幌市厚別区厚別北2条2丁目14-1	011-801-7711	173
004-0022	札幌市厚別区厚別南1丁目7-7	011-895-3890	95
062-0906	札幌市豊平区豊平6条6丁目5-1	011-811-5266	12
062-0053	札幌市豊平区月寒東3条18丁目1-71-A101	011-836-6323	117
062-0020	札幌市豊平区月寒中央通4丁目4-13	011-855-6111	28
062-0035	札幌市豊平区西岡5条13丁目7-5	011-584-3369	222
062-0932	札幌市豊平区平岸2条12丁目4-14-101	011-837-0055	152
004-0805	札幌市清田区里塚緑ヶ丘1丁目14-1	011-376-0706	185
004-0876	札幌市清田区平岡6条3丁目18-14	011-885-5959	228
004-0882	札幌市清田区平岡公園東8丁目1-1　ブルームライブ1F	011-888-3370	91
005-0012	札幌市南区真駒内上町3丁目1-10	011-581-0290	130
063-0811	札幌市西区琴似1条4丁目4-10	011-613-2724	36
063-0813	札幌市西区琴似3条4丁目3-18　高橋ビル203	011-644-3669	99
063-0812	札幌市西区琴似2条7丁目2-32　サンシャイン琴似1F	011-676-5948	78
006-0851 006-0852	札幌市手稲区星置1条4丁目7-18 札幌市手稲区星置2条3丁目7-11	090-6217-8910 090-2071-5011	148
053-0044	苫小牧市音羽町1丁目15-18	0144-82-8803	252
061-1121	北広島市中央3丁目1-3　大谷木材ビル2F	011-378-6116	258
069-0826	江別市あさひが丘13-16	011-398-5555	263
047-0032	小樽市稲穂2丁目18-6　シードビル	0134-22-6954	267
	http://manavee.com/	050-3393-9929	276
	http://www.kacotam.com/	090-9750-6064	282

地域	塾名・教室名	塾長名	コメント者名
白石区	学びや　むげん	**鷹取 史明**	田口 愛華
	ミネル学院	**喜多 敏幸**	川崎 祐太
厚別区	赤間親学ゼミ	**赤間 優子**	堀口 裕行
	アサヒ英数学院	**桝田　隆**	藤井 雪花
	ITTO個別指導学院札幌厚別校	**前川　渉**	阿部 侑磨
	スコーレ　アップ	**神　慎一**	神　良一
豊平区	池上学院	**池上 公介**	藤澤 秀一
	学友館	**阿部 智巳**	菊池　崇
	現役予備校TANJI	**丹治 典久**	東海林あづみ
	札幌遠友塾　自主夜間中学	**工藤 慶一**	髙橋 啓一
	ユニバーサルCAIスクール	**板東 信道・幸江**	杉本　修
清田区	駿台小中学部　平岡校	**田村 模輝**	杉浦 由枝
	セントラル	**澤口 英剛**	青地 宏尚
	プライム教育センター	**池田 圭寿**	佐藤 圭一郎
南　区	明光義塾真駒内教室	**鷹橋 麻奈**	大倉　明
西　区	医学進学塾	**片丸 和男**	村西 雄貴
	神谷塾	**神谷 英樹**	蝦名 未希子
	時計台ゼミ	**金森 浩太**	田巻 一総
手稲区	学習塾　STEP UP 個別指導　プラスワン	**矢木沢 徳弘** **由美子**	竹森 一樹
苫小牧	トランスクール	**岩崎 裕樹**	金子 昭博
北広島	個別対応塾　Orbit	**小林 真美**	小林 礼央
江　別	学習工房　幹	**市場 義朗**	佐藤 佑持
小　樽	進学塾シード	**堀口 裕行**	石川 佳功
	マナビー	**阿部 侑磨**	ばすぷぅさん
	Kacotam	**高橋 勇造**	隈元 晴子

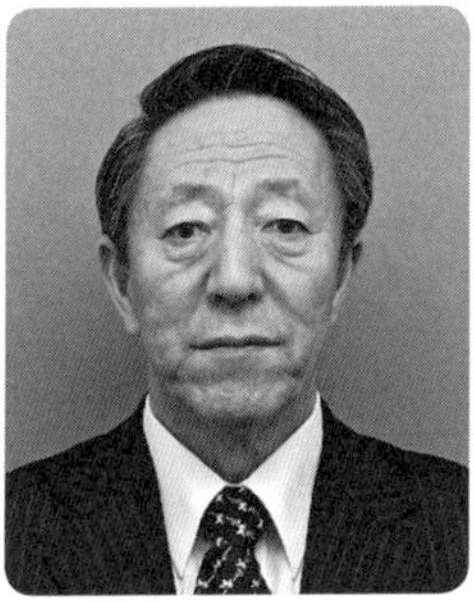

プロフィール

田村　敏紀（たむら　としき）

１９４８年（昭和23年）生まれ
北海道爾志郡熊石村字鳴神１３８番地
１９８６年（昭和61年）龍谷大学入学（37歳）
１９９０年（平成２年）龍谷大学修士課程（41歳）
１９９２年（平成４年）光泉中学・高等学校（滋賀県）勤務（43歳）
２００９年（平成21年）札幌創成高等学校勤務（60歳）
２０１４年（平成26年）同校退職（65歳）
田村教育研究所主宰

札幌の塾長50人

２０１５年9月15日　初版発行
２０１５年11月10日　第二刷

著者　田村　敏紀

発行所　株式会社　共同文化社
〒０６０—００３３
札幌市中央区北３条東5丁目
電話　０１１—２５１—８０７８
http://kyodo-bunkasha.net/

装幀　岩木　弥生

印刷　株式会社　アイワード

ISBN 978-4-87739-273-4 C0037